AI 자료분석

유동우

도서출판 해남

AI 자료분석

초판1쇄 인쇄 2023년 6월 19일
초판1쇄 발행 2023년 6월 23일

저 자 유동우
발행인 노현철
발행처 도서출판 해남

출판등록 1995. 5. 10 제 1-1885호
주 소 서울특별시 마포구 마포대로8길 9 영명빌딩 405호
전 화 739-4822 **팩스** 720-4823
이 메 일 haenamin30@naver.com
홈페이지 www.hpub.co.kr

ISBN 978-89-6238-807-7 93320

이 저서는 2021년 대한민국 교육부와 한국학중앙연구원(한국학진흥사업단)을 통해 K학술확산 연구소사업의 지원을 받아 수행된 연구임(AKS-2021-KDA-1250002).

머리말

2022년 11월 30일 챗GPT가 공개된 이후 페이스북 친구들이 챗GPT가 좋다는 내용을 올리기 시작하였습니다. 그렇게 챗GPT의 존재를 알게 되었습니다. AI 관련 기업을 운영하는 한 친구는 챗GPT를 사용하고 있는데 매우 뛰어난 경력직 직원을 한 명 고용한 것 같다는 말을 해 주었습니다. 주변이 챗GPT로 들썩이니 경험해 보고자 하였습니다. 처음에는 신문칼럼을 쓰게 해 보았습니다. 결과물은 훌륭하였습니다. 챗GPT가 써 준 칼럼은 '챗GPT가 세상을 많이 변화시킬 것이다'라는 제목으로 제가 연재하는 「경제 옹알이」라는 신문칼럼에 실렸습니다. 처음 제목은 '챗GPT에게 신문칼럼을 써 달라고 해 보았다'였는데, 제목을 더 강력하게 바꾸었습니다. 원래 미래에 대한 예측과 관련된 분야에서는 예측이 틀릴 수 있다는 것을 고려하여 빠져나갈 수 있는 구멍을 만들어 놓곤 하는데, 이번에는 그러지 않았습니다.

심지어 코딩도 잘해 준다는 말에 실행해 보니 정말 잘하였습니다. 노트북에 설치된 파이썬 코드를 돌려보니, 챗GPT가 짜준 코드가 오류 없이 바로 실행되었습니다. 챗GPT가 짜준 코드는 간결하였고, 이해하기 쉬웠고, 직관적이어서 AI에 대한 생각을 근본적으로 바꾸어야 한다고 느꼈습니다. 하루라도 빨리 받아들이고, 적응하고, 활용해야 한다고 생각하였습니다.

2023년 1학기 수업 첫 시간에 학생들에게 챗GPT를 소개하였습니다. 챗GPT에 대해 알려 주었고, 오류 없이 돌아가는 파이썬 코드를 보여 주었습니다. 그리고 학생들에게 챗GPT와 파이썬, 그리고 기초적인 주가분석과 통계학을 가르치기 시작하였습니다. 학생들은 생각 이상으로 잘 따라왔고, 시간이 지나면서 많은 학생들이 더욱 적극적으로 학습에 임하였습니다. 학생들은 챗GPT로 파이썬 코딩을 해서, 계산기도 만들고, 웹페이지도 만들고, 게임도 만들고, 주가분석도 해 보았습니다. 코딩을 할 줄 알았던 소수의 학생들도 있었지만, 대부분이 파이썬을 몰랐던 것을 생각하면 정말 커다란 변화였습니다. 학생들은 새로운 변화에 적극적으로 대응하고자 하였습니다.

2023년 1학기에 졸업 예정이던 석사 학생들에게는 챗GPT와 파이썬으로 논문을 쓰고 자료분석을 하도록 지도하였습니다. 학생들은 처음에 그리 좋아하지 않았습니다. 지금까지 경제학 분야에서 늘 사용해 왔던 Stata라는 통계 프로그램을 계속 사용하고 싶어 하였습니다. 기존에 사용하던 방식이 있는데, 시간과 노력 그리고 비용을 들여 새로운 방식을 배우는 것에 대한 거부감을 보였습니다. 하지만 지도교수가 시키니 어쩔 수 없이 따랐을 것입니다. 학생들이 싫어하면, 지도교수도 망설이게 되는 경우가 많은데, 챗GPT와 파이썬 활용은 학생들에게 필요하다고 생각해 계속 활용하도록 하였습니다. 석사 학생들도 어느 정도 챗GPT를 사용해서 코딩을 하고, 자료를 수집하고, 합치고, 처리하고, 분석하는 과정에 익숙해지자 재미있어 하기 시작하였습니다. 그리고 자료분석 전문가의 모습을 갖추어 가기 시작하였습니다. 석사 학생들이 직장에서 틈을 내서 챗GPT를 활용해 파이썬 코딩을 하고, 자료분석을 하는 모습을 보며 직장 동료들이 물어보았다고 합니다. "그거 어떻게 하는 거냐고, 자기도 대학원 가면 배울 수 있냐"고. 참고로 덧붙이자면, 석사논문을 쓰는 학생들에게 주변에서 자기도 그거 배울 수 있냐고 물어보는 경우는 거의 없다고 보아도 무방합니다.

이 책에서는 챗GPT라는 AI를 활용하여 자료분석을 하는 방법에 대해서 이야기합니다. 하루라도 빨리 받아들이고, 적용하고, 활용하려는 목적에 우선순위를 둔 측면이 있어, 부족한 부분이 많을 것입니다. 하지만 누군가에게는 하루라도 빨리 받아들이고 활용하는 것이 더 중요하기도 하기에, 조금 부정확한 부분이 있더라도, 최대한 쉽게 이해할 수 있게, 챗GPT를 사용해서 기초적인 자료분석을 할 수 있는 데 도움이 되기 위해서 책을 쓰게 되었습니다. 그러한 과정에서 제1, 2장은 챗GPT의 설명과 안상준·유원준의 『딥러닝을 이용한 자연어처리 입문』의 내용을 참고하여 서술하였음을 밝힙니다.

파이썬이라는 프로그래밍 언어를 설치하는 가장 간단한 방법은 아나콘다를 설치하는 것입니다. Anaconda.com에 접속하면 아나콘다를 다운로드 받을 수 있습니다. 아나콘다는 무료이고, 파이썬이라는 프로그래밍 언어를 사용하는 데 필요한 다양한 라이브러리(library)를 같이 설치해 줍니다. 라이브러리리는 파이썬을 쉽게 활용하는 데 필요한 도구모음이라고 생각하면 큰 무리가 없습니다. 아나콘다를 설치하면 쥬피터노트북(Jupytor Notebook)이라는 프로그램이 같이 설치됩니다. 파이썬 코드는 쥬피터노트북에서 실행할 수 있는데, 쥬피터노트북은 코드를 한 줄씩 실행하면서 결과를 볼 수 있습니다. 코드를 한 줄씩 실행하면서 결과를 볼 수 있다는 점은 코드의 정확한 문법을 잘 몰라도 어떤 작업을 수행하는지 대략적인 의미를 알 수 있게 해준다는 장점이 있습니다. 챗GPT에게 "Jupyter Notebook을 사용하는 방법을 초등학생도 알 수 있게 단계별로 자세히 설명해 주세요"라고 요청하면 다음과 같은 답변을 줍니다.

Jupyter Notebook은 데이터 분석과 프로그래밍에 널리 사용되는 인터랙티브한 개발 환경입니다. 아래에 초등학생도 이해할 수 있는 단계별로 Jupyter Notebook을 사용하는 방법을 자세히 설명해 드리겠습니다.
단계 1: Jupyter Notebook 설치(생략), 단계 2: Jupyter Notebook 실행(생략), 단계 3: Jupyter Notebook 사용. 위 단계를 완료하면 기본 웹 브라우저에서 Jupyter Notebook이 열립니다. 이제 Jupyter Notebook을 사용하여 코드를 작성하고 실행할 수 있습니다.

웹 브라우저에서 Jupyter Notebook이 열리면 홈 화면이 표시됩니다. 여기서 새로운 노트북을 만들려면 우측 상단의 "New" 버튼을 클릭하고 "Python 3"을 선택합니다. 노트북이 열리면 코드를 입력할 수 있는 셀(Cell)이 표시됩니다. 각 셀은 코드 블록입니다. 코드를 입력할 셀에 클릭하고 코드를 작성하세요. 예를 들어, "print"('Hello, World!')를 입력하여 셀에 코드를 작성할 수 있습니다. 작성한 코드를 실행하려면 Shift+Enter 키를 누르거나 셀 위쪽의 실행 버튼을 클릭합니다. 코드 실행 결과가 셀 아래에 출력됩니다. 위의 예제에서는 "Hello, World!"가 출력됩니다.

쥬피터노트북을 설치하고 실행할 수 있게 되면 이제 챗GPT에게 코딩을 해달라고 하면 됩니다. 이 책에 있는 내용을 따라하면서, 챗GPT에게 코딩을 해달라고 하고, 모르는 부분과 오류, 그리고 변화한 부분은 계속 챗GPT와 같은 인공지능에게 물어보면서 진행하면, 자료분석을 하실 수 있을 것이라고 생각합니다. 마지막으로 책을 잘 만들어 주신 해남의 편집진께도 감사드립니다.

2023. 6

유동우

차례

들어가며

Open AI사가 공개한 ChatGPT(chat generative pre-trained transformer, 이후 챗GPT로 표기)는 지금까지 나온 인공지능 언어 모델 중 가장 큰 관심을 받고 있다. 이 책에서는 인공지능의 중요 개념에 대해서 간략히 설명하고, 최근 큰 관심을 받고 있는 챗GPT의 동작 방식에 대해서 설명하고자 한다. 그리고 챗GPT와 파이썬(Python)을 활용하여 데이터를 분석하는 방법에 대해서 파이썬 코드 예시를 제시하고 자세한 설명을 덧붙여 소개한다.

챗GPT에 대한 의견은 크게 두 가지로 나뉜다고 생각된다. 하나는 챗GPT와 같은 인공지능이 가져다주는 새로운 가능성에 대해 환호하고 적극적으로 활용하는 그룹이고, 다른 하나는 인공지능이 사람을 대체하기는 어려울 것이라는 생각을 보다 지지하는 그룹이다. 챗GPT와 같은 인공지능이 가져다주는 새로운 가능성을 보다 높이 평가하는 그룹은 챗

GPT의 다양한 활용 방법을 계속 탐구해 나가고 있으며, 이 책에서 사례로 소개하는 한국 주식시장에 대한 기초적인 금융 데이터 분석도 그러한 탐구 사례 중의 하나라고 할 수 있다.

하지만 인공지능이 사람을 대체하기는 어려울 것이라는 생각을 보다 지지하는 그룹에서는 챗GPT가 가지고 있는 한계에 대해서 보다 집중하는 경향성을 보여 준다고 판단되는 측면이 있다. 챗GPT가 자연스러운 대화를 한다는 점에는 동의를 하고 있으나, 챗GPT가 제공하는 잘못된 정보, 예를 들어 2023년에 한국의 대통령이 문재인이라고 대답하는 부분을 지적하며 인공지능의 한계를 부각시키고자 한다.

하지만 이러한 문제점들은 점차 개선되어 가고 있다. 챗GPT의 다음 버전인 GPT-4에서는 "현재 한국의 대통령은?"이라는 질문에 "제가 알고 있는 지식은 2021년 9월까지이기 때문에, 그 이후의 정보를 제공할 수 없습니다. 2021년을 기준으로, 한국의 대통령은 문재인입니다. 그 이후의 대통령에 대해서는 최신 정보를 찾아보시기 바랍니다"라는 보다 개선된 대답을 제공하고 있다.

또한 챗GPT는 잘못된 질문에도 그럴듯한 잘못된 대답을 제공한다. 예를 들어, "김정은이 김치찌개를 좋아해서 일으킨 15세기 평양내전에 대해서 알려주세요"라는 질문을 하면 챗GPT는 다음과 같은 대답을 주기도 한다.

> 15세기 평양내전은 조선 시대 후기인 1488년부터 1492년까지 일어난 내전으로, 평양 지역을 중심으로 일어났습니다. … 김정은은 김씨 일가에서 매우 중요한 위치에 있었으며, 그가 좋아했던 음식 중 하나가 김치찌개였습니다. 이러한 이유로 평양내전을 일으킨 김씨 일가와 김정은의 취향이 자주 언급되곤 합니다.

이처럼 잘못된 질문에도 잘못된 정보를 그럴 듯하게 제공하는 점은 챗GPT와 같은 인공지능의 한계로 지적되고 있다. 이러한 문제점은 '생성적 적대 신경망'(generative adversarial networks: GAN)이라는 모델을 이해하면 좀 더 다른 시각에서 바라볼 수 있다. 보다 정확하게 말하면 챗GPT는 트랜스포머(transformer)라는 알고리즘에 기반하고 있고, GAN을 직접적으로 사용하지는 않는다. 하지만 GAN의 구동 방식을 이해하면 챗GPT의 가짜 정보 문제에 대해 다른 시각을 가질 수 있기에 개념만을 연관시켜 우선 이야기하고자 한다.

GAN은 가짜 데이터를 만들어 내는 인공지능 모델이다. 이 모델은 생성자와 판별자라는 두 부분으로 나뉜다. 생성자는 임의로 선택한 값에서 시작하여 가짜 데이터를 만들어 낸다. 판별자는 이 가짜 데이터와 진짜 데이터를 구분하려고 한다. 생성자는 판별자를 속이려고 더 좋은 가짜 데이터를 만들고, 판별자는 가짜와 진짜 데이터를 더 잘 구분하려고 노력한다. 이 과정에서 두 부분이 서로 경쟁하며 더 좋은 결과를 내기 위해 발전하고, 좀 더 정교한 데이터 생성 방법을 학습하게 된다. 핵심적인 부분은 가짜 데이터를 생성하고 판별하는 과정을 통해 더 정교한 데이터 생성 방법을 학습하게 된다는 것이다. 인공지능으로 그리는 그림들은 생성적 적대 신경망에 근거하고 있고, 점점 더 진짜 그림과 구분해 내기 힘들어지고 있다.

'가짜 데이터'라는 용어를 사용하지 않고 '데이터를 시뮬레이션한다'는 용어를 사용하면 아마도 거부감이 좀 적어질 수도 있다. 많은 분야에서는 시뮬레이션이 사용되고 있고, 시뮬레이션은 현실을 최대한 유사하게 구현하기 위해 노력한다. 그리고 구현된 시뮬레이션 환경하에서 현실세계에 대한 분석과 예측을 실행하는 것이다.

하지만 GAN 모델에는 한계가 있다. 생성된 데이터의 질을 측정하는 방법이 없기 때문에, 데이터세트의 다양성과 학습 과정의 안정성이 제한되어 있다. 이로 인해 GAN 모델이 얼마나 잘 작동하는지 판단하기가 어려울 수 있다. 김정은의 김치찌개 내전 문제는 개념적으로는 그러한 문제를 보여 주는 측면이 있다. 생성된 가짜 정보의 문제를 해결하려는 시도도 동시에 이루어지고 있지만, 그러한 문제점이 해결될 것인가에 대한 의견은 인공지능에 대한 견해에 따라 다르게 나타날 것이라 생각된다.

하지만 잘못된 질문에 그럴 듯한 대답을 주는 문제점 역시 개선되어 가고 있으며 GPT-4에서는 "김정은이 김치찌개를 좋아해서 일으킨 15세기 평양내전에 대해서 알려주세요"라는 같은 질문 대하여 다음과 같은 대답을 제공하고 있다.

> 제가 이해한 바로는, 김정은과 김치찌개와 관련된 15세기 평양내전에 대해 알려달라고 하셨는데요. 그러나 이 질문은 사실에 기반하지 않은 허구입니다.

> 김정은은 현재 북한의 최고지도자이며, 15세기와는 관련이 없습니다. 15세기는 조선 시대에 해당되는데, 그 당시의 역사와 김정은 혹은 김치찌개와는 연관이 없습니다. 만약 북한의 역사에 대해 더 알고 싶으시거나, 김정은이 김치찌개를 좋아하는지와 같은 다른 질문이 있으시면, 언제든지 알려 주세요.

챗GPT는 장점 또한 명확한 측면이 있다. 정보를 잘못 해석할 여지가 적은 숫자와 관련된 부분에서는 놀라운 처리 능력을 보여 준다. 그리고 챗GPT가 기반하고 있는 인공지능 분야에 대해서도 최고 수준의 이해 능력을 가지고 있다고 판단된다.

이 책에서는 챗GPT가 정보를 잘못 해석할 여지가 적은 숫자와 관련된 부분인 한국경제의 금융 데이터 분석에 챗GPT를 활용한 사례를 제시한다. 또한, 챗GPT가 최고 수준의 이해 능력을 보이는 인공지능의 역사와 대화형 인공지능의 구동 방식에 대하여, 챗GPT에게 질문하고, 어려운 용어에 대한 추가적인 설명을 요청하는 방식으로 얻은 결과물을 기존 논문과 비교하고 검증하여 기록하였다.

챗GPT가 대답한 인공지능의 역사에 대한 부분과 챗GPT의 구동 방식에 대한 설명은 저자가 확인하고, 수정하고 편집하였고, 수정하고 편집한 내용을 챗GPT에게 다시 평가하게 하여 오류가 있는지 없는지를 추가적으로 검증하였다. 이러한 방식은 다른 분야에서는 그 타당성을 확보하기 어려울 수 있지만, 인공지능의 역사와 인공지능의 구동 방식에 대한 챗GPT의 설명은 일관적이었고, 타당하다고 저자는 판단하였으며, 기존의 논문 내용과 크게 어긋나는 부분이 없었다.

또한 챗GPT가 작성해 준 한국 주식시장 빅데이터 분석을 위한 파이썬 코드는 간결하고, 직관적이었다. 금융 데이터를 자동으로 가져오는 데 효과적인 파이썬 라이브러리(Python Library)인 야후 파이낸스(yfinance)를 사용할 경우, 추가적인 코드 수정 없이 구동되었으며, 분석 결과 또한 정확하다고 판단되었다. 이와 같은 금융 빅데이터 분석에 챗GPT를 활용하는 것은 매우 효과적이고, 타당하다고 판단되며, 금융 빅데이터 관련 교육과 활용에도 큰 도움이 될 것이라고 판단된다.

제2장에서는 인공지능을 이해하는 데 필요한 주요 개념을 서술하였고, 제3장에서는 챗GPT의 구동 방식과 한국형 GPT 모형에 대해서 설명하였다. 제4

장에서는 챗GPT가 작성한 기초적인 퀀티테이티브 트레이딩(Quantitative Trading) 프로그램 코드와 한국 주식시장의 빅데이터 분석 코드에 대해서 소개한다. 제5장에서는 챗GPT를 어떻게 인간이 활용해야 할 것인가에 대한 생각을 제시한다.

1

인공지능의 주요 개념

튜링 테스트

퍼셉트론 모델

역전파 알고리즘

머신러닝 기법

인공 신경망

딥러닝의 시대

생성적 적대 신경망

챗GPT는 인공지능의 역사에 대해서 아래와 같이 설명한다.

초기 개념(1940~1950년대)

1950년: 앨런 튜링(Alan Mathison Turing)이 "Computing Machinery and Intelligence" 논문에서 튜링 테스트를 제안하며 인공지능 연구의 초석을 놓음.

1956년: 존 매카시(John McCarthy), 마빈 민스키(Marvin Lee Minsky), 나단 로체스터(Nathan Rochester), 클로드 섀넌(Claude Shannon)이 다트머스 컨퍼런스를 개최하며 인공지능이라는 용어를 처음 사용함.

초기 열기와 AI 연구의 급격한 확대(1950~1960년대)

1950년대 후반: 프랭크 로젠블랫(Frank Rosenblatt)이 퍼셉트론 알고리즘 개발, 초기 인공 신경망 연구 시작.

1960년대: 룰(rule) 기반 인공지능 시스템, 자연어 처리, 컴퓨터 비전 등 다양한 AI 분야 연구가 활발하게 진행됨.

연구 정체의 시대(1970~1980년대)

1960년대 후반부터 1970년대: AI 연구의 어려움에 대한 인식 증가, 연구 지원 축소.

1980년대 중반: 역전파 알고리즘의 소개로 인공 신경망 연구에 새로운 관심이 생김.

머신러닝과 인공 신경망의 부활(1990년대~2000년대 초)

1990년대: 서포트 벡터 머신(SVM), 결정 트리, 앙상블 기법 등 머신러닝 기법이 발전.

2000년대 초: 인공 신경망 연구 재기, 컨볼루션 신경망(CNN)과 순환 신경망(RNN)이 등장.

딥러닝의 시대(2010년대~현재)

2012년: 알렉스넷(AlexNet)이 이미지 분류 대회인 ILSVRC에서 우승하며 딥러닝의 새로운 시대 시작.

2014년: 이안 굿펠로(Ian Goodfellow)가 생성적 적대 신경망(GAN) 개발, 이미지 생성 등 다양한 활용 가능.

2014년: 시퀀스 투 시퀀스(Seq2Seq) 모델이 등장하여 자연어 처리 분야에 혁신적 성과를 이룸.

2015년: 구글 딥마인드의 알파고가 세계 바둑 챔피

언 이세돌을 이기며 인공지능의 놀라운 성장을 증명함.

2023년: OpenAI가 챗GPT를 발표, 자연어 처리의 혁신적인 성능을 보여 줌.

위와 같이 정리되는 인공지능의 발전 과정을 보면 이해하기 어려운 개념이 많은데, 그러한 내용은 이 책에서 다 설명하기 어려워 인공지능에 대한 대략적인 이해에 필요하다고 생각되는 주요 개념들 중심으로 몇 가지만 소개하고자 한다.

튜링 테스트

앨런 튜링은 1950년 "Computing Machinery and Intelligence"라는 논문에서 인공지능 분야에서 중요한 개념 중 하나인 '튜링 테스트'(Turing test)를 제안하였다(Turing 1950). 이 논문에서 튜링은, 인간과 기계 간의 구분이 점점 더 모호해지는 상황에서, 기계가 인간과 유사한 수준의 지능을 가질 수 있는지에 대한 질문을 제기하고, 이를 확인하기 위한 방법으로 튜링 테스트를 제안하였다.

튜링 테스트는 컴퓨터가 인간과 같은 지능을 가지고 있는지를 판별하는 방법 중 하나이다. 이는 인공지능 분야에서 지능의 존재 여부를 평가하는 데 가장 널리 사용되는 방법 중 하나로, 컴퓨터 과학자들이 지능을 가진 컴퓨터 프로그램을 개발하는 데 사용된다.

테스트는 대략 다음과 같은 과정으로 진행된다.

참가자 구성: 튜링 테스트에는 3명의 참가자가 필요하다. 참가자는 A, B, C로 구분되며, A와 B는 인간 또는 컴퓨터일 수 있고, C는 심판자 역할을 하는 인간이다. 심판자는 A와 B 중 어느 쪽이 인간이고 어느 쪽이 컴퓨터인지 알지 못한다.

대화 진행: 심판자(C)는 A 및 B와 텍스트 기반의 대화를 진행한다. 대화 주제는 제한되지 않으며, 심판자는 대화를 통해 A와 B의 정체를 판단하려고 노력한다. 대화는 일정 시간 동안 이어지며, 그 시간 동안 심판자는 질문과 답변을 통해 참가자들의 대화 능력을 평가한다.

정체 판별: 대화가 종료된 후, 심판자는 A와 B 중 어느 쪽이 인간이고 어느 쪽이 컴퓨터인지 추측한다. 만약 심판자가 컴퓨터를 인간으로 오인하거나,

인간과 컴퓨터를 구별할 수 없다면, 해당 컴퓨터는 튜링 테스트를 통과한 것으로 간주된다.

결과 해석: 튜링 테스트의 결과는 인공지능의 대화 능력과 인간과 구별하기 어려운 수준의 인간적 대화를 나타내는지를 평가하는 척도로 사용된다. 그러나 이 결과는 인공지능의 전체적인 지능을 평가하는 것이 아니며, 테스트의 한계와 실수를 고려해야 한다.

튜링 테스트는 인공지능의 언어 이해와 대화 능력을 평가하는 데 중요한 도구로 사용되지만, 다양한 한계점 때문에 인공지능의 전체적인 지능을 평가하는 것은 어렵다고 할 수 있다. 그리고 그러한 점은 인간과 인공지능의 차이를 구분하는 데 중요한 시사점을 제공한다.

하나는 언어와 대화에 한정된 평가라는 것이다. 튜링 테스트는 인간과 기계 간의 대화를 통해 인공지능의 지능을 평가하기 때문에, 언어 및 대화 능력에 초점을 맞춘 평가 방식이다. 그러나 인간의 지능은 언어와 대화 능력 외에도 문제 해결, 추론, 학습, 창의력 등 다양한 영역에 걸쳐 있다. 따라서 튜링 테스트는 인공지능의 전체적인 지능을 평가하기에는 한계가 있다. 다른 하나는 인간의 지능과 기계의 지능의 차이에 관한 것이다. 인공지능이 인간처럼 대화를 할 수 있다고 해서 인간과 동일한 수준의 지능을 가졌다고 결론 내릴 수는 없다. 인간의 지능은 경험, 감정, 직관 등 복잡한 요소들이 결합된 것이고, 기계의 지능은 알고리즘과 데이터에 기반한 것이다. 이 두 가지의 지능은 근본적으로 다른 특성을 가지고 있다.

그럼에도 튜링 테스트는 인공지능 분야에서 가장 널리 알려진 개념 중 하나이며, 이를 통해 인공지능의 지능 수준을 평가하고 개선하는 연구가 이어져왔다. 따라서 튜링 테스트는 인공지능 분야에서 현재까지도 매우 중요한 개념 중 하나로 여겨지고 있다.

퍼셉트론 모델

프랭크 로젠블랫은 1957년에 "The Perceptron: A Probabilistic Model for Information Storage and Organization in the Brain"이라는 논문을 발표하며, 퍼

셉트론 알고리즘을 공식화하였다(Rosenblatt 1958). 이 논문에서 로젠블랫은 인공 신경망(artificial neural network)을 사용하여 패턴 인식 문제를 해결하는 방법을 제시하였다.

퍼셉트론 모델은 입력층과 출력층으로 이루어져 있으며, 입력층에서 입력된 데이터를 가중치와 함께 계산한 뒤 출력층에서 결과를 출력하는 방식으로 동작한다. 이때, 입력값에 가중치를 곱하고 모두 더한 값에 활성화 함수(activation function)•를 적용하여 출력값을 계산한다.

활성화 함수: 입력 신호의 총합을 출력 신호로 변환하는 함수이다. 간단하게 말하면, 입력값을 보고 출력값 0(비활성화, 없음) 또는 1(활성화, 있음)을 결정한다.

퍼셉트론의 구조를 이해하기 위한 간단한 예시로, 날씨를 기반으로 외출할지 말지를 결정하는 퍼셉트론을 생각해 볼 수 있다. 이 퍼셉트론은 온도와 강수량이라는 두 가지 입력을 받는다. 입력층에서는 온도와 강수량을 입력 노드•로 받는다. 각 입력 노드에는 가중치가 있으며, 이 가중치는 해당 입력의 중요도를 결정한다. 예를 들어, 온도의 가중치가 0.5이고, 강수량의 가중치가 1인 경우, 강수량이 온도보다 외출 여부를 결정하는 데 더 중요한 요소라고 간주할 수 있다.

퍼셉트론의 입력 노드: 외부에서 입력되는 데이터의 특징이나 속성들을 나타내는 부분이다. 다른 말로는 입력 변수(input variables)라고 할 수 있다.

활성화 함수에서는 각 입력 노드의 값과 가중치

를 곱한 후, 이들의 합을 계산한다. 퍼셉트론에서는 주로 계단 함수(step function)[•]를 사용하여 이 값에 활성화 함수를 적용한다. 예를 들어, 온도가 20도이고 강수량이 5mm라면, 가중치와 입력값을 곱한 합은 $0.5 \times 20 + 1 \times 5 = 15$가 된다. 출력층에서는 활성화 함수를 통과한 값이 기준값을 넘으면 1, 아니면 0을 출력한다. 예를 들어, 기준값이 10이라면, 앞서 계산한 값인 15는 기준값을 넘었기 때문에 1을 출력한다. 이 경우, 퍼셉트론은 외출하기로 결정한다.

계단 함수: 입력값에 따라 출력값이 0 또는 1로 결정되는 함수이다. 이 함수는 입력값이 임계값(threshold)을 넘으면 출력값이 1이 되고, 그렇지 않으면 출력값이 0이 된다. 이러한 계단 함수를 퍼셉트론의 활성화 함수로 사용하면, 입력값이 일정 임계값을 넘으면 출력값이 1이 되어 해당 뉴런이 활성화되고, 그렇지 않으면 출력값이 0이 되어 해당 뉴런이 비활성화 된다. 이를 통해 입력 데이터를 분류하거나 판별하는 등의 작업을 수행할 수 있다.

초기 인공 신경망이라고 할 수 있는 퍼셉트론은 이렇게 계산된 출력값과 정답값 사이의 오차를 최소화하기 위해 가중치를 조정하는 과정을 거치면서, 입력값과 가중치 사이의 관계를 학습하게 된다. 이렇게 학습된 모델은 새로운 입력값에 대해서도 예측값을 출력할 수 있다. 퍼셉트론 모델은 이진 분류 문제[•]에 적합하며, 선형적으로 분리 가능한 데이터에 대해서는 정확한 예측 결과를 도출할 수 있다.

이진 분류 문제: 입력된 데이터를 0(없음) 또는 1(있음)로 분류하는 문제를 말한다.

퍼셉트론은 인공 신경망 발전에서 큰 의의를 가지고 있다. 우선 퍼셉트론은 간단한 구조를 가지고 있어 이해하기 쉽고 구현하기 쉽다. 이로 인해 인공 신경망에 대한 연구가 시작되었으며, 다양한 알고리즘이 연구되었다. 또한 퍼셉트론은 지도 학습(supervised learning)•의 한 예로, 학습 데이터를 사용하여 가중치를 조정하며 최적의 선형 분류 경계를 찾는다. 이러한 학습 방식은 후에 발전된 신경망의 학습 방법에도 영향을 미쳤다. 마지막으로, 퍼셉트론은 인공 신경망의 기본 구성 요소로 볼 수 있으며, 더 복잡한 다층 퍼셉트론(multilayer perceptron: MLP)이나 컨볼루션 신경망(convolutional neural network: CNN), 순환 신경망(recurrent neural network: RNN) 등의 발전을 이끌어 내었다.

지도 학습: 레이블(Label)이라는 정답과 함께 학습하는 것을 말한다.

그러나 퍼셉트론 모델은 비선형적인 분류 문제•에는 적합하지 않았다. 따라서 이후 인공 신경망 연구는 퍼셉트론 모델의 한계를 극복하고, 비선형적인 데이터를 처리할 수 있는 다양한 인공 신경망 모델이 개발되었다.

비선형 분류 문제: XOR GATE 문제가 가장 유명하다. 입력값 두 개가 서로 다른 값을 가지고 있을 때([1,0], [0,1])는 출력값이 1이 되고, 입력값 두 개가 서로 같은 값을 가지고 있을 때([0,0], [1,1])는 출력값이 0이 되는 상황이다. 이 상황을 정확하게 구분하기 위해서는 다층 퍼셉트론이 필요하다(안상준·유원준: 07-01).

역전파 알고리즘

1980년대 중반에는 역전파(back propagation) 알고리즘이 소개되어 인공 신경망 연구에 새로운 관심이 생겼다. 역전파 알고리즘은 인공 신경망의 일반적인 진행 방향인 순전파(forward propagation)의 역방향으로 가중치를 조절하면서 입력과 출력 간의 관계를 학습하는 알고리즘이다. 다시 말해, 예측 모형의 결과값과 실제값을 비교한 후, 예측 모형의 예측값을 보다 정확하게 만들기 위해 예측값을 계산해 낸 알고리즘의 가중치를 재조정하는 것이다.

방의 개수를 기준으로 아파트의 거래 가격을 예측하는 경우를 생각해 보자. 방이 2개인 아파트와 방이 3개인 아파트 두 개가 있다고 해보자. 인공 신경망은 방의 개수를 기준으로 하여 가중치를 주고, 이를 1단계와 2단계의 과정을 거쳐 계산하여 아파트의 거래 가격을 예측하는 모형을 가지고 있다.

좀 더 구체적으로 설명한다면 1단계는 두 아파트를 비교하여, 방 2개 아파트를 살 것인지, 방 3개 아파트를 살 것인지 결정하는 단계이다. 알고리즘은 1단계 과정을 통해 방 2개 아파트를 살 확률은 40%, 방 3개 아파트를 살 확률은 60%라는 결과값(가중치)을 계산해 낸다. 2단계는 방 2개 아파트와 방 3개 아파트의 가격을 비교하여 어느 것을 얼마에 살 것인가를 결정하는 단계라고 할 수 있다.

그런데 예측 알고리즘을 통해 1단계와 2단계를

통해 계산한 아파트의 예측 거래 가격이 실제 거래 가격과 다르다면, 알고리즘에서 사용하는 가중치를 변경하여 좀 더 정확한 가격을 예측할 수 있다. 역전파 알고리즘은 가중치를 수정할 때, 예측 가격과 거래 가격의 차이를 확인한 후, 예측 가격과 거래 가격의 차이가 줄도록 2단계의 가중치를 먼저 수정하고, 1단계의 가중치를 수정하는 역방향으로 가중치를 수정하는 것을 의미한다.

다시 말해, 역전파 알고리즘은 인공 신경망에서 출력값과 실제값 사이의 오차를 계산하고, 이 오차를 이용하여 네트워크의 가중치를 조절하는 과정을 반복하면서 학습하는 알고리즘이다. 이 알고리즘은 출력층부터 입력층까지 거꾸로 오차를 전파하면서 가중치를 업데이트하며, 이를 통해 인공 신경망이 입력 데이터를 바탕으로 출력값을 예측하고, 그 예측값이 실제값과 얼마나 차이가 나는지 학습한다.

역전파 알고리즘은 1986년 제프리 힌튼과 데이비드 루멜하트가 발표한 논문에서 소개되었다(Rumelhart et al. 1986). 역전파 알고리즘 이전에는 다층 퍼셉트론과 같은 복잡한 구조의 인공 신경망에서는 학습 문제에서 매우 큰 어려움을 겪었다. 그러나 역전파 알고리즘의 등장으로 인공 신경망에서 다층 구조와 같은 복잡한 구조도 학습할 수 있게 되었다.

그런데 역전파 알고리즘의 경우 기울기 소실(gradient vanishing) 문제가 발생하게 된다. 기울기 소실 문제란, 역전파 알고리즘을 사용할 때, 오차를 줄이는 방법의 하나로 미분을 사용하게 되는데, 특정 구간에서는 미분한 값이 0에 가까워지기 때문에 여러 개의 단계가 있는 알고리즘에서는 초기 단계에까지 학습이 전파되지 않는 현상을 말한다. 아파트의 예를 들어 설명한다면, 아파트의 가격이 아주 낮은 구간에서는 아파트를 무조건 사기 때문에 가격에 따른 결정의 변화가 없게 되는 것이다. 이는 기울기(gradient)인 미분값을 0에 가깝게 만들어 기울기를 사라지게 만든다(gradient vanishing).• 여러 단계를 거치는 역전파 알고리즘의 경우 0에 가까운 수치가 계속 곱해지게 되면 초기 단계에서는 기울기가 사라지게 되어 학습이나 정보전달이 잘 일어나지 않게 되는 것이다. 이러한 문제점은 알고리즘에 사용하는 함수를 변경하는 방식으로 해결하고 있다(안상준 · 유원준: 07-02).

Gradient Vanishing: 방 2개 아파트의 가격이 최소 2억 원을 넘는다고 하자. 방 2개 아파트의 가격이 2,000만 원이면 100%의 확률로 구매하고, 3,000만 원이어도 100%의 확률로 구매하게 되기 때문에 2,000만 원에서 3,000만 원 사이의 가격 구간에서 가격 변화가 확률에 미치는 영향이 없다. 따라서 미분값이 0이 된다.

머신러닝 기법

1990년대에는 서포트 벡터 머신(support vector machine: SVM), 결정 트리, 앙상블 기법 등 다양한 머신러닝 기법들이 발전하였다. SVM은 컴퓨터 알고리즘 중 하나로, 주어진 데이터를 바탕으로 이진 분류를 수행하는 머신러닝 알고리즘이다. SVM은 데이터를 바탕으로 결정 경계(decision boundary) 또는 결정 기준을 정의하고, 이 결정 기준과 관련된 데이터 포인트들을 찾아내는 방식으로 작동한다. 결정 기준을 찾는 과정에서 SVM은 서포트 벡터를 찾아낸다. 서포트 벡터란 결정 기준과 가장 가까운 데이터 포인트들을 의미한다.

이 서포트 벡터들은 결정 기준의 위치를 결정하는 데 큰 역할을 한다. 결정 기준과 멀리 떨어져 있는 데이터들은 결정 기준을 정하는 데 큰 영향을 미치지 않기 때문이다. SVM은 서포트 벡터와 결정 기준 사이의 거리를 가장 크게 만들어 결정과 관련된 오류가 적게 발생되도록 한다. 이를 통해 데이터 분류 문제에서 오류를 최소화할 수 있어, 머신러닝 분야에서 매우 중요한 알고리즘 중 하나이다.

결정 트리(decision tree)는 데이터 분류 및 예측을 위한 트리 구조의 모델로, 각 노드에서 하나의 특성(feature)을 선택하여 해당 특성값에 따라 하위 노드로 분기하는 방식으로 작동한다. 결정 트리는 각 노드에서 가장 좋은 특성을 선택하여 데이터를 분할하고, 이를 반복해 모델을 만든다. 예를 들어, 사람을 우선 1번 노드에서 남자와 여자로 분리하고, 2번 노드에서는 남자의 경우 남자의 특성에 맞추어 다시 분리하고, 여자의 경우 여자의 특성에 맞추어 다시 분리하는 것이다.

결정 트리는 분류(classification)와 기본적 데이터 분석인 선형분석(regression) 문제에 모두 사용될 수 있다. 결정 트리는 간단하고 직관적인 모델이며, 데이터의 특성을 바로 이해하고 해석할 수 있다. 이를 통해 데이터를 분류하거나 예측하는 문제도 해결할 수 있다. 또한 결정 트리는 앙상블 기법 등 다양한 기법과 함께 사용될 수 있다.

앙상블 기법은 여러 개의 머신러닝 모델을 조합하여 성능을 향상시키는 기법이다. 대표적인 앙상블 기법으로는 랜덤 포레스트(random forest)가 있다. 이 알고리즘은 여러 개의 모델을 조합하여 성능을 향상시키는데, 예측 성능을 높이기 때문에 머신러닝 분야에서 매우 중요한 기법 중 하나가 되었다.

랜덤 포레스트는 결정 트리를 여러 개 조합한 모델이라고 할 수 있다. 각 결정 트리에는 데이터의 일부분만 학습되며, 각 결정 트리는 다른 트리들과는 서로 다른 일부 데이터로 학습된다. 이러한 방식으로 랜덤 포레스트는 다양한 결정 트리들을 만들어서 과적합(overfitting)을 방지하고, 일반화된 상황에서의 예측 성능을 향상시킬 수 있다.

과적합은 기계 학습에서 모델이 학습 데이터에 지나치게 맞추어져 일반화된 상황에서의 예측 능력이 떨어지는 현상을 말한다. 이로 인해, 모델은 학습 데이터에 대해서는 높은 성능을 보이지만, 새로운 데이터에 대해서는 낮은 예측 성능을 보일 수 있다.

예를 들어, 아파트의 가격을 예측하는 모델을 만든다고 하자. 학습 데이터로 다양한 특성(feature)을 가진 아파트의 가격 정보가 주어졌다고 가정해 보자. 이 특성들은 건축연도, 면적, 브랜드, 학군, 지하철역과의 거리 등이 될 수 있다. 과적합이 발생할 경우, 모델은 학습 데이터만을 너무 완벽하게 학습하게 되어 일반화 능력이 떨어지게 된다. 이렇게 되면, 모델은 학습 데이터를 제공한 특정 지역에는 잘 맞지만, 다른 지역에서 거래되는 아파트 가격에 대해서는 정확한 예측을 하지 못하게 된다.

이러한 과적합을 방지하기 위한 다양한 방법들을 사용한다. 대표적인 방법으로는 설명변수 규제(regularization) 기법,• 교차 검증(cross-validation),• 드롭아웃(dropout),• 데이터 증가(data augmentation) 등이 있다. 이 방법들을 적절하게 활용하여 모델의 일반화 능력을 높이는 것이 중요하다(안상준 · 유원준: 07-06).

설명변수 규제: 복잡한 모델은 간단한 모델보다 과적합될 가능성이 높기 때문에, 복잡한 모델을 좀 더 간단하게 하기 위해 설명변수의 수를 통제하는 것이다.

교차 검증: 교차 검증에서는 1번 데이터에 대한 예측값을 계산할 때, 1번 데이터를 제외하고 예측값을 계산한다. 1번 데이터의 실제값을 가장 잘 예측하는 데이터는 1번 데이터의 실제값 그 자체이기 때문이다. 어제의 날씨를 맞추는 가장 좋은 방법은 어제의 날씨를 보고 어제 날씨에 대해 이야기하는 것이다. 따라서 어제의 날씨 정보를 사용하지 않고, 그저께와 오늘의 날씨 정보만을 가지고 어제의 날씨를 추측하고, 이를 실제 어제의 날씨와 맞추어 보는 과정이 교차 검증의 개념이다.

드롭아웃: 학습 과정에서 신경망의 일부를 사용하지 않는 방법이다. 이를 통해 학습 시 신경망이 특정 조합에 너무 의존하는 것을 방지한다.

인공 신경망

인공 신경망 연구가 재기된 것은 2000년대 초, 컴퓨터의 연산 능력이 향상되고 대용량 데이터를 다룰 수 있는 환경이 만들어지면서 시작되었다. 그리고 이를 기반으로 인공 신경망의 구조와 알고리즘이 대대적으로 발전하게 되었다.

컨볼루션 신경망(CNN)은 이미지, 음성 등의 신호 처리 분야에서 주로 사용되는 인공 신경망 구조 중 하나이다. CNN은 입력 데이터의 특성을 추출하고,

이를 기반으로 분류나 예측을 수행한다. 이를 위해 CNN은 합성곱(convolution) 연산을 사용하여 입력 데이터의 지역적인 패턴을 인식하고, 이를 이용해 특성을 추출한다. 또한 풀링(pooling) 연산•을 사용하여 컨볼루션의 결과값을 기록한 특성 데이터의 크기를 줄이고, 계산 비용을 줄인다. CNN은 이러한 방식으로 이미지 분류, 객체 인식, 얼굴 인식 등 다양한 분야에서 뛰어난 성능을 보인다.

풀링 연산: 풀링 연산에서는 특성 데이터의 크기를 줄이는 연산이 이루어진다. 풀링 연산에는 일반적으로 최대 풀링(max pooling)과 평균 풀링(average pooling)이 사용된다. 최대 풀링은 커널과 겹치는 영역 안에서 최댓값을 추출하는 방식으로 데이터의 크기를 줄인다. 평균 풀링은 최댓값을 추출하는 것이 아니라 평균값을 추출하는 연산이다.

컨볼루션 연산의 기초적 개념을 보여 주는 예를 든다면, 다음과 같이 0과 1로 구성되어 있는 두 개의 Y자 모형을 생각해 볼 수 있다. 하나는 대문자 Y에 가까운 모양이고 다른 하나는 소문자 y에 가까운 모양이다.

101 101
010 010
010 100

이 두 개의 패턴을 Y자 모양으로 인식하려면 위치 정보가 필요하다. 하지만 컴퓨터 정보는 위치 정보를 기록하지 않기 때문에 데이터는 다음과 같이 인식된다.

대문자 Y: 101 010 010

소문자 y: 101 010 100

이렇게 한 줄로 기록된 정보에서는 위치 정보 없이 데이터의 패턴을 인식하기가 어렵다. 따라서 위치 정보를 보존하면서 학습할 필요성이 생겼고, 이를 위해 합성곱 연산을 사용한다. 이를 위해서는 커널(kernel)• 이라고 하는 위치별 가중치를 사용한다. 커널은 위치 정보를 유지한 채로 각각의 데이터에 가중치를 부여하고, 가중치를 부여한 값을 합하여 하나의 값을 계산해 주는 역할을 한다. 행이 2개, 열이 2개인 커널의 예를 든다면 다음과 같다.

커널: 커널이란 특정 부분의 데이터에만 가중치를 주고 다른 부분의 데이터에는 가중치를 주지 않기 위해 사용된다. 예를 들어, 서울의 데이터를 중점적으로 분석하고 싶다면, 서울과 서울과 가까운 경기도에만 가중치를 주고, 전라도와 경상도에는 가중치를 주지 않는 것이다. 반대로 부산의 데이터를 지역적으로 분석하고 싶다면, 부산과 부산과 가까운 울산, 경상도의 데이터에만 가중치를 주고, 서울과 경기도의 데이터에는 가중치를 주지 않는 것이다.

0.6 0.4

0.2 0.8

이 커널을 사용하면, 대문자 Y를 4개의 구역으로 분리할 수 있다.

왼쪽 위	오른쪽 위
10	01
01	10
왼쪽 아래	**오른쪽 아래**
01	10
01	10

그리고 각각 분리된 4개의 행렬에 커널이 가지고 있는 가중치를 곱해서 값을 구한다. 예를 들어, 대문자 Y의 왼쪽 위는 $1 \times 0.6 + 0 \times 0.4 + 0 \times 0.2 + 1 \times 0.8 = 1.4$란 값이 계산된다. 이렇게 4개의 구역에 동일한 커널을 사용하여 계산한 값에는 위치 정보가 어느 정도 유지된다(안상준 · 유원준: 11-01).

딥러닝의 시대

2012년, 알렉스넷(AlexNet)은 이미지 분류 대회인 ImageNet Large Scale Visual Recognition Challenge (ILSVRC)에서 우승하며, 딥러닝(deep learning)의 새로운 시대를 시작하게 되었다. 알렉스넷은 8개의 딥 레이어(5개의 컨볼루션 레이어와 3개의 완전 연결 레이어(fully-

완전 연결 레이어: 입력층과 출력층 간의 모든 뉴런이 서로 연결되어 있는 층을 의미한다.

connected layer: FC layer)●)로 구성된 인공 신경망 구조이다. 이 구조는 이전에 사용되던 전통적인 머신러닝 알고리즘보다 훨씬 더 깊은 구조로 구성되어 있어서, 이전에는 어려웠던 복잡하고 규모가 큰 이미지 데이터에서 높은 정확도를 보였다.

알렉스넷은, 또한 과거에 사용되던 다양한 이미지 분류 방법들보다 훨씬 더 많은 수의 뉴런과 가중치를 사용하여, 이미지의 다양한 특징을 추출할 수 있게 되었다. 이를 위해 알렉스넷은 GPU(graphic processing unit)를 활용하여 빠른 연산을 가능하게 하였으며, 이후 딥러닝 분야에서도 GPU를 활용한 연산이 많이 이루어지게 되었다.

알렉스넷의 성공은 딥러닝 기술의 대중화와 활성화에 큰 역할을 하였다. 이후 딥러닝 분야에는 더욱 깊고 복잡한 구조의 인공 신경망이 등장하면서, 이미지, 음성, 자연어 등 다양한 분야에서 놀라운 성과를 이루게 되었다. 또한 딥러닝 분야의 활용이 확대되면서 자율주행 자동차, 음성인식 비서, 이미지 검색 등 다양한 서비스에서 딥러닝 기술이 활용되고 있다.

생성적 적대 신경망

이안 굿펠로는 2014년에 생성적 적대 신경망(generative adversarial networks: GAN)이라는 모델을 개발하였다. GAN은 두 개의 인공 신경망을 경쟁시켜 가짜 데이터를 만들어 내는 모델이다. GAN 모델은 생성자(generator)와 판별자(discriminator)라는 두 개의 신경망을 사용한다(Goodfellow 2016).

생성자는 입력된 임의의 변수에서 실제 데이터와 유사한 가짜 데이터를 생성한다. 판별자는 이렇게 생성된 가짜 데이터와 실제 데이터를 판별하여, 가짜 데이터가 생성자에서 생성되었는지, 아니면 실제 데이터인지 구분한다. 이때 생성자는 가짜 데이터를 만들어 판별자를 속이려 한다. 이렇게 판별자는 가짜와 실제 데이터를 잘 구분하려 한다. 이렇게 두 신경망은 서로 경쟁하면서 점점 더 정교한 데이터 생성 방법을 학습하게 된다.

GAN 모델은 기존의 다른 생성 모델과는 달리, 학습 과정에서 생성된 데이터를 평가할 수 있는 방법이 없다는 것이 단점으로 지적되었다. 따라서 GAN 모델은 데이터의 다양성과 학습 안정성에 따른 한계를 가지고 있다.

하지만 GAN 모델은 이미지 생성 분야에서 큰 성과를 이루었다. 예를 들어, 기존의 딥러닝 모델들은 이미지를 만들어 내는 방식으로는 단순히 이미지의 특징을 추출하여 무작위로 조합하는 방식을 사용하였지만, GAN 모델은 이미지 생성에서 더욱 진보한 방식을 제공한다. GAN 모델은 이미지의 특징을 추출하는 것 외에도, 이미지 내에서 객체의 위치, 빛의 조건, 질감 등 다양한 특징들을 학습하고 이를 바탕으로 실제와 유사한 가짜 이미지를 생성할 수 있다.

또한 GAN 모델은 이미지 생성뿐만 아니라, 음성 생성, 자연어 생성, 게임 AI 등 다양한 분야에서도 활용될 수 있다. 예를 들어, 음성 생성 분야에서는 실제와 유사한 음성 데이터를 생성하여 음성 합성, 음성 변환 등에 사용될 수 있다. 또한 자연어 생성 분야에서는 GAN 모델을 이용하여 자연스러운 문장 생성에 대한 연구가 진행되고 있다.

GAN 모델은 기존에 존재하는 이미지 데이터를 기반으로 새로운 데이터를 생성하는 것이 가능하다는 점에서 인공지능 분야에서 큰 관심을 받고 있다. 앞으로는 GAN 모델을 활용하여 다양한 분야에서 실제와 거의 구분할 수 없는 가짜 데이터를 생성할 수 있을 것으로 예상된다.

2

챗GPT의 동작 방식

자연어 처리

딥러닝

어텐션 메커니즘

트랜스포머 디코더

미세조정

비지도 학습

한국의 인공지능: 알파고와 이세돌

한국 기업의 인공지능 개발

GPT-3는 OpenAI에서 개발한 대규모 언어 모델 중 하나로, 2020년 기준으로 최대 175억 개의 파라미터를 가진 모델이다. GPT-3는 Generative Pre-trained Transformer 3의 약자로, 트랜스포머 모델을 기반으로 한 언어 모델이라고 챗GPT는 스스로를 설명한다. 트랜스포머는 딥러닝 모델 중 하나로, 자연어 처리 작업에서 많이 사용된다.

자연어 처리

자연어 처리(natural language processing: NLP)는 인간의 언어를 기계가 이해하고 처리하는 분야이다. 이 분야는 주로 인간의 언어를 이해하고 생성하는 기술에 중점을 두고 있다. 자연어 처리 작업은 다양한 분야에서 사용된다. 예를 들어, 기계 번역은 한 언어에서 다른 언어로의 번역을 수행하는 작업이고, 텍스트 분류는 문서를 특정 범주로 분류하는 작업이다. 정보 검색은 특정 주제와 관련된 문서를 검색하는 작업이고, 질문 응답은 자연어 질문에 대한 정확한 답변을 생성하는 작업이다. 대화 생성은 자연스러운 대화를 생성하는 작업이다.

자연어 처리 작업은 다양한 기술을 사용하여 수행된다. 예를 들어, 자연어 이해는 텍스트를 의미 있는 정보로 변환하는 기술이다. 이를 위해, 토큰화(tokenization)•, 형태소 분석(morphological analysis), 구문 분석(syntactic analysis), 의미 분석(semantic analysis) 등의 기술이 사용된다. 자연어 생성은 주어진 정보를 기반으로 자연스러운 텍스트를 생성하는 기술이다. 이를 위해, 언어 모델(language model) 등의 기술이 사용된다.

토큰화: 말뭉치(코퍼스, corpus)란, 언어를 연구하는 각 분야에서 필요로 하는 연구 재료로서 언어의 본질적인 모습을 총체적으로 드러내 보여 줄 수 있는 자료의 집합을 뜻한다. 토큰화는 주어진 코퍼스에서 토큰이라 불리는 단위로 나누는 작업이다.

토큰화는 자연어 처리 작업에서 매우 중요한 전처리 기술 중 하나이다. 이 기술은 텍스트를 작은 단위로 쪼개어 처리하는 것을 말한다. 이렇게 쪼개어진 작은 단위를 토큰(token)이라고 부른다. 예를 들어, "I like apples"라는 문장을 토큰화하면 "I", "like", "apples" 세 개의 토큰으로 분리된다. 이렇게 분리된 토큰은 이후에 다양한 자연어 처리 작업에 사용된다.

형태소 분석은 자연어 처리 작업에서 더 세분화된 전처리 기술이다. 이 기술은 단어를 더 작은 의미 단위인 형태소로 분리하고, 각 형태소의 품사를 판별하는 작업을 말한다. 예를 들어, "apples"라는 단어를 형태소 분석하면 "apple"이라는 형태소와 "-s"라는 접미사로 분리되며, "apple"은 명사(noun)로 판별된다. 형태소 분석은 자연어 처리 작업에서 더 정확한 분석을 위해 사용된다. 예를 들어, 기계 번역 작업에서는 각 단어의 품사를 정확히 파악하여 문장을 정확히 해석하는 데 중요하다.

형태소 분석을 통해 동음이의어나 다의어를 처리할 수 있다. 예를 들어, "bank"라는 단어는 은행을 뜻하는 경우와 강둑을 뜻하는 경우가 있다. 이런 경우에는 형태소 분석을 통해, 문맥에 따라 해당 단어의 정확한 의미를 판별할 수 있다.

딥러닝

최근에는 딥러닝 기술이 자연어 처리 분야에서 많이 사용되고 있다. 딥러닝 기술을 사용하면, 자연어 처리 작업에서 높은 성능을 보일 수 있다. 딥러닝은 인공 신경망을 기반으로 한 기계학습 기술의 일종이다. 딥러닝은 매우 복잡한 비선형 함수를 예측하는 데 사용된다. 이를 통해, 다양한 영역에서 인간과 유사한 수준의 결과를 도출할 수 있다. 딥러닝 기술은 대표적으로 다음과 같은 특징을 가지고 있다.

(1) 계층적 구조(hierarchical structure): 딥러닝 모델은 여러 개의 층(layer)으로 구성되어 있다. 각 층은 입력과 출력 사이에서 일련의 변환을 수행하며, 이를 통해 데이터의 특징을 추출하고 분류 등의 작업을 수행한다. 인공지능의 발전 과정에서 설명한 멀티 퍼셉트론은 퍼셉트론이 여러 개 층으로 되어 있는 구조이다.

(2) 자동 특징 학습(automatic feature learning): 딥러닝 모델은 입력 데이터로부터 특징(feature)을 자동으로 추출한다. 이를 통해, 데이터의 복잡한 특징을 효과적으로 파악할 수 있다. 인공지능의 발전 과정에서 서술한 컨볼루션(convolution) 연산은 이미지와 관련된 자료에서 이미지를 구분하거나 물체를 탐지하는데 쓰이는 자동 특징 학습 방법의 하나이다.

(3) 대용량 데이터 활용(large-scale data usage): 딥러닝 모델은 대용량 데이터를 기반으로 학습된다. 이를 통해, 데이터의 다양성을 보장하고, 모델의 일반화(generalization) 능력을 향상시킨다.

딥러닝에서는 신경망(neural network)을 기반으로 한 모델들이 주로 사용된다.

(1) 순환 신경망(recurrent neural network: RNN): RNN은 시퀀스• 형태의 데이터 처리에 적합한 모델로, 이전 상태의 출력을 현재 입력에 반영하여 입력과 출력 간의 상관관계를 파악하는 방식으로 동작한다. 이를 통해, 텍스트 생성, 기계 번역 등 자연어 처리 작업에서 많이 사용된다. 과거 기계 번역과 같은 분야에서는 번역을 단어 단위로 처리하였기 때문에 문장 구성이나 문맥 파악에 한계가 있게 되었다. 시퀀스 투 시퀀스(sequence to sequence) 모델은 이러한 문제점을 해결하기 위해 문장의 구성과 문맥을 모델링할 수 있는 방식으로 딥러닝 모델을 구성한다. 인코더(encoder)는 단어가 여러 개로 이루어져 있는 문장, 즉 입력 시퀀스를 처리하는 데 사용되며, 디코더(decoder)는 출력 시퀀스를 생성하는 데 사용된다. 모델은 인코더에서 입력 시퀀스를 컨텍스트(context) 벡터•라는 하나의 정해진 크기의 벡터 표현으로 만들고, 디코더는 이 컨텍스트 벡터를 통해서 출력 시퀀스를 만들어 낸다.

(2) 장단기 메모리(long short-term memory: LSTM): LSTM은 RNN의 한 종류로서, 긴 시퀀스 데이터, 다시 말해 긴 문장을 처리할 때 발생하는 문제를 해결하

시퀀스: 자연어 처리에서 시퀀스는 단어들이 2개 이상 묶여 있는 것으로 이해하면 된다.

벡터: 여기서 벡터란 여러 개의 계산값을 묶어서 보여 주는 결과값을 말한다. 첫 번째 계산에서 1이 나오고 두 번째 계산에서 2가 나오고 세 번째 계산에서 3이 나왔다면 이를 [1 2 3]이라는 벡터로 한 번에 표현할 수 있다. 정보를 한꺼번에 처리하기 위해 여러 정보를 하나로 모아놓은 것으로 이해하면 된다.

기 위해 고안되었다. LSTM은 이전 정보를 유지하고, 필요한 정보만을 선택적으로 입력하여 출력하는 방식으로 동작한다. 이를 통해, 텍스트 분류, 질문 응답 등의 작업에서 좋은 성능을 보인다. 가장 단순한 형태의 순환 신경망은 비교적 짧은 시퀀스에 대해서만 효과를 보이는 단점이 있다. 시퀀스가 길어질 경우 인공지능의 역사 부분에서 설명한 기울기 소실 문제로 문장의 처음 부분에 제시되는 정보는 점점 사라지게 되는데, 중요한 정보가 처음에 있을 경우 문제가 생길 수 있는 것이다. LSTM은 은닉층● 의 메모리에 입력, 망각, 출력과 관련된 장치를 추가하여 불필요한 기억을 지우고, 기억해야 할 것들을 정하는 방식으로 RNN의 단점을 보완한다.

은닉층: 계산에만 사용되는 숨겨져 있는 층을 말한다.

(3) 어텐션 메커니즘(attention mechanism): RNN에 기반한 시퀀스 투 시퀀스 모델에는 크게 두 가지 문제가 있다. 첫째, 하나의 정해진 크기의 벡터에 모든 정보를 압축하려고 하다 보니 정보 손실이 발생하는 것이다. 둘째, RNN의 고질적인 문제인 기울기 소실 문제가 존재한다. 결국 이는 기계 번역 분야에서 입력 문장이 길면 번역 품질이 떨어지는 현상으로 나타났다. 이를 해결하기 위해 입력 시퀀스가 길어

지면 출력 시퀀스의 정확도가 떨어지는 것을 보정해 주기 위해 등장한 기법인 어텐션 메커니즘이 개발되었다. 어텐션의 기본 아이디어는 출력을 담당하는 디코더에서 출력 단어를 하나씩 예측하는 순간마다, 입력을 담당하는 인코더에 입력된 전체 문장을 다시 살펴본다는 점이다. 단, 전체 문장을 모두 동일한 비율로 살펴보는 것이 아니라, 디코더에서 예측해야 하는 단어와 연관이 있는 입력 단어 부분을 좀 더 집중(attention)해서 보는 것이다(안상준·유원준: 15-01).

(4) 트랜스포머: 트랜스포머는 입력과 출력 간의 어텐션 메커니즘을 사용하여 시퀀스 데이터를 처리하는 방식으로 동작한다. 어텐션 메커니즘은 RNN의 문제점을 보완하는 데 사용될 수 있는데, 트랜스포머 모델은 RNN을 사용하지 않고 어텐션 메커니즘만을 사용하여 입력을 담당하는 인코더와 출력을 담당하는 디코더를 구성한다. 딥러닝 모델 중 하나인 트랜스포머를 사용하는 GPT-3와 같은 모델들은 인간과 유사한 수준의 자연어 생성 능력을 보이고 있다.

어텐션 메커니즘

어텐션 메커니즘은 주어진 "쿼리"(query)와 "키"(key) 사이의 관련성을 계산하여, 해당 쿼리에 대한 가중치를 계산하는 방식이다. 이를 통해, 입력 시퀀스의 각 단어들이 출력 시퀀스의 각 단어와 얼마나 관련이 있는지를 파악할 수 있다. 쿼리는 시퀀스 데이터에서 모델이 집중하는 단어나 위치를 나타낸다.

컴퓨터 프로그램 언어인 파이썬(Python)에서 사전(dictionary) 형태의 데이터는 "키"(key)값과 "밸류"(value)값으로 구성되어 있다. 예를 들어, fruits ={"1": "apple", "2": "grape"} 라는 데이터에서 1과 2는 컴퓨터가 인식하기 쉬운 숫자로 되어 있는 키이고, apple과 grape는 키에 연결된 정보이다. 컴퓨터는 문자보다는 숫자에 더 익숙하기 때문에, 1이라는 키값을 사용하고 1이라는 키에 apple이라는 단어를 연결시키는 것이 더 효과적일 수 있다.

셀프-어텐션: 어텐션 메커니즘이 인코더에만 사용된다는 의미이다. 인코더에서 사용된 어텐션 값이 디코더에도 사용되게 되면 인코더-디코더 어텐션이 된다.

트랜스포머 모델에서는 이러한 어텐션 메커니즘을 여러 가지 방식으로 활용한다. 셀프-어텐션(self-attention)• 은 시퀀스 데이터 내의 단어들 사이의 상관관계를 파악하는 메커니즘이다. 예를 들어, "I love you"라는 문장에서 문맥상으로 "I"와 "you"는 서로 관련이 있다는 것을 파악할 수 있다. 이러한 관련성을 파악하기 위해 셀프-어텐션은 각 단어들끼리의 유사도를 계산한다.

유사도는 각 단어가 얼마나 관련을 가지는가 하는 정보이다. 예를 들어, 기존의 자료로 학습된 데이터에 따르면 man이라는 단어는 woman이라는 단어와 0.84의 유사도를 가지고, guy라는 단어와는 0.81의 유사도를 가진다. boy라는 단어와의 유사도는 0.77, gentleman이라는 단어와의 유사도는 0.74로 나타난다.

트랜스포머 모형은 우선 입력 시퀀스인 영어와 출력 시퀀스인 프랑스어의 단어들을 토큰화하고, 어휘를 작성한다. 이 과정은 어휘를 컴퓨터가 이해하기 쉬운 숫자 또는 키로 변환하는 과정으로 생각할 수 있다.

영어 어휘: {"I": 1, "love": 2, "you": 3}
프랑스어 어휘: {"Je": 1, "t'aime": 2}

그런 다음 문장을 컴퓨터가 이해하기 쉬운 숫자

로 된 토큰 시퀀스로 변환한다. 실제로는 예제보다 더 복잡한 과정을 거치는데, 이러한 과정을 임베딩(embedding)이라고 한다. 임베딩은 아래와 같이 단어를 수치화된 벡터로 표현하여 컴퓨터가 유사도 계산과 같은 과정을 처리하기 쉽게 만드는 과정이라고 할 수 있다.

영어 시퀀스: [1, 2, 3]
프랑스어 시퀀스: [1, 2]

그리고 다음 단계로 인코딩을 진행한다. RNN이 자연어 처리에서 유용하였던 이유는 단어의 위치에 따라 단어를 순차적으로 입력받아서 처리하는 RNN의 특성으로 인해 각 단어의 위치 정보(position information)를 가질 수 있다는 점에 있었다. 하지만 트랜스포머는 단어 입력을 순차적으로 받는 방식이 아닌, 단어 전체를 한꺼번에 입력받는 방식을 사용한다. 트랜스포머는 단어의 위치 정보를 얻기 위해서 단어를 수치화된 벡터로 변환한 임베딩 벡터에 위치 정보들을 더하여 모델의 입력으로 사용하는데, 이를 포지셔널 인코딩(positional encoding)이라고 한다. 단어를 수치화된 벡터로 변환한 정보에 위치 정보를 더해 주는 것이다.

트랜스포머의 인코더에서는 셀프-어텐션 메커니즘을 사용한다. 어텐션 메커니즘은 주어진 쿼리에 대해서 모든 키와의 유사도를 각각 구한다. 그리고 구해낸 이 유사도를 키와 연결되어 있는 각각의 밸류(value, 값)에 저장한다. 그리고 유사도가 반영된 "밸류"를 다른 정보와 연결하여 계산된 가중치를 반영하여 모두 더한다. 모두 더한 값을 어텐션 밸류(attention value)라고 한다.

예를 들어 설명하면, "I", "love", "you"란 각각의 단어를 우선 벡터의 형태로 수치화(임베딩)한다. 쿼리란 모델이 관심을 가지는 단어를 말하는데, 여기서 첫 번째 쿼리는 "I", 두 번째 쿼리는 "love", 세 번째 쿼리는 "you"가 된다. 그리고 벡터로 수치화된 "I", "love", "you"에 기존에 학습된 정보를 활용하여 쿼리와 각각의 단어 간의 유사도를 구한다.

예시를 활용하여 설명하면, 첫 번째 쿼리 "I"에 대해서 키로 이루어진 영어 시퀀스 [1, 2, 3]과의 유사도를 구한다. 컴퓨터가 숫자에 더 익숙하기에 쿼리와 키의 유사도를 구한다고 표현하지만, "I"라는 단어와 위치 정보, "love"라는 단어와 위치 정보, 그리고 "you"라는 단어와 위치 정보의 유사도를 구한다고 생각해도 큰 문제는 없다. 그리고 그 유사도를 각각의 키에 연결되어 있는 밸류에 저장하는 것이다. 이를 통해 각각의 쿼리의 어텐션 밸류를 구할 수 있다. 인코더가 출력하는 어텐션 값은 [h1, h2, h3]과 같은 벡터의 형태로 나타난다. h1은 첫 번째 쿼리의 어텐션 밸류를 나타내는 것이다.

다시 정리하면, 셀프-어텐션은 우선 입력 시퀀스의 각 단어들을 벡터로 변환하는 임베딩을 진행한다. 그리고 각 단어들의 벡터를 쿼리, 키, 밸류로 변환한다. 이를 통해, 각 단어들끼리의 유사도를 계산할 수 있다.

쿼리와 키 벡터의 내적 연산*을 통해, 각 단어들끼리의 유사도를 계산하고, 이를 여러 단어에 대해 확률을 구해 주는 소프트맥스(softmax) 함수*를 사용하여 정규화(normalize)*한다. 정규화는 유사도가 높은 단어들의 가중치를 높이고, 유사도가 낮은 단어들의 가중치를 낮추는 역할을 한다. 그리고 계산된 가중치를 사용하여, 각 단어들의 밸류에 가중치를 주고 모두 더해서(weighted sum) 출력값을 계산한다.

내적 연산: 벡터와 벡터를 특정한 방법(dot product, 내적)으로 곱해 주면 숫자로 만들 수 있다. [0 1 2] 벡터와 [3 4 5] 벡터를 내적 연산하면 0×3+1×4+2×5=14라는 결과가 나온다. 이는 [0 1 2] 벡터와 [3 4 5] 벡터의 특징을 모아서 14라는 숫자로 표현한 것이 된다.

소프트맥스 함수: 이진 분류가 아닌 다중 분류를 해 주는 함수이다. 이진 분류는 결괏값을 0과 1로 간단하게 나누어 주는데, A, B, C와 같이 세 가지로 분류해야 하는 경우에는 소프트맥스 함수를 사용할 수 있다.

정규화: 정규화한다는 것은 가중치의 합을 1로 만들어 주는 과정으로 생각할 수 있다. 확률로 생각하면 소프트맥스 함수를 사용해 나온 값을 조정하여 A가 나올 확률이 0.7, B가 나올 확률이 0.2, C가 나올 확률이 0.1이 되도록 조정해 주는 것이다. 그리고 A가 나올 확률이 가장 높다면 A를 선택하게 된다.

이를 통해, 입력 시퀀스에서 어떤 단어들이 중요한 역할을 하는지를 파악할 수 있다.

트랜스포머를 처음으로 제안한 논문(Vaswani et al. 2017)에서는 6개의 인코더 층을 사용하고, 셀프 어텐션을 병렬적으로 사용하는 멀티헤드 어텐션(multi-head attention)을 사용하였다. 멀티헤드 어텐션은 여러 개의 어텐션 메커니즘을 사용하여 입력과 출력 간의 상관관계를 파악한다. 이를 통해, 입력 시퀀스의 각 단어들이 출력 시퀀스의 각 단어들과 어떤 관련이 있는지를 더욱 정확하게 파악할 수 있다. 예를 들어, "I love you"라는 영어 문장을 "Je t'aime"이라는 프랑스어 문장으로 번역하는 경우, 멀티헤드 어텐션은 다음과 같이 동작할 수 있다.

입력 시퀀스(영어 문장)의 각 단어들을 벡터로 변환하고, 여러 개의 어텐션 헤드를 생성한다. 예를 들어, 하나의 어텐션 헤드는 "I"와 "Je", "love"와 "t'aime" 사이의 관련성을 파악한다. 또 다른 어텐션 헤드는 "I"와 "love" 사이의 관련성과 "love"와 "you" 사이의 관련성을 파악한다. 멀티 헤드 어텐션은 어텐션을 병렬로 수행하여 다양한 방향에서 정보들을 수집하게 한다. 다양한 방향에서 수집된 정보들은 문장에서 문맥의 의미를 보다 잘 파악할 수 있도록 한다.

예를 들어, "The animal didn't cross the street because it was too tired."라는 문장에서 it이 의미하는 것이 animal인지 street인지 컴퓨터는 구분하지 못할 수 있다. 셀프-어텐션은 입력 문장 내의 단어들끼리 유사도를 구하여 it이 animal과 연관되었을 확률이 높다는 것을 찾아낸다. 그런데 멀티헤드 어텐션의 경우 첫 번째 어텐션이 it과 animal의 관계를 높게 본다면, 두 번째 어텐션의 경우에는 it과 tired의 연관도를 다른 시각에서 높게 볼 수 있는 것이다(안상준·유원준: 16-01).

트랜스포머 디코더

인코더가 입력 문장 "I love you"를 처리하고 각 토큰에 대한 문맥화된 표현을 생성하면, 이 정보는 번역을 위한 디코더로 입력된다. 디코더의 경우 시퀀스의 시작을 나타내는 특수 토큰 ⟨BOS⟩(beginning of sentence)•로 시작한다. 시작 시퀀스는 [⟨BOS⟩]인데 이는 디코더에 문장이 시작된다는 것을 알려 주는 역할을 한다. 그리고 [⟨BOS⟩]는 디코딩 과정에서 단

특수 토큰: ⟨sos⟩ start of sentence라는 표현이 사용되기도 한다.

어가 순차적으로 추가되며 확장된다.

인코더와 마찬가지로 디코더에도 셀프-어텐션이 사용된다. 디코더의 셀프-어텐션 메커니즘은 인코더와 비슷한 방식으로 작동하지만, 나중에 나오는 단어에 대한 어텐션을 방지하기 위해 나중에 나오는 단어의 정보를 지운다(masking)는 차이점이 있다. 트랜스포머 모델은 단어를 순차적으로 입력하는 시퀀스 투 시퀀스 모델과는 달리, 모든 단어를 한 번에 입력하는 구조를 가지고 있다. 따라서 나중에 나오는 단어에 대한 정보를 지우고, 순차적으로 단어를 하나씩 출력하는 구조를 의도적으로 나중에 나오는 단어에 대한 정보를 지워서 만들었다. 이는 모델이 나중에 나오는 단어의 정보를 미리 가지고 있으면 문제가 될 수도 있기 때문에 사용하는 방식이다.

셀프-어텐션 외에도 디코더에는 인코더-디코더 어텐션 메커니즘이 있다. 이 메커니즘은 출력하는 단어•를 생성할 때 디코더가 입력 시퀀스의 관련 부분에 초점을 맞추도록 한다. 이는 출력 시퀀스를 담당하는 디코더에서 출력 단어를 예측하는 순간마다, 입력 시퀀스를 담당하는 인코더에서의 전체 입

단어: 보다 정확하게는 단어보다 더 작은 형태의 토큰이지만, 보다 쉬운 이해를 위해 단어라는 말을 사용한다.

력 문장을 다시 한 번 고려한다는 것이다. 하지만 모든 입력 문장에 같은 가중치를 두어 고려하는 것이 아니고, 다음으로 예측해야 할 단어와 연관이 있는 입력 단어 부분에 더 많은 관심(attention)을 가지고 보는 것이다.

인코더-디코더 어텐션의 출력은 디코더의 단순 인공 신경망인 피드 포워드(feed forward)* 계층을 통해 처리된다. 그런 다음 여러 데이터를 연결하고(보다 정확히는 선형 변환(linear transformation)을 한다.) 어떤 단어가 나올지 예측해 주는 소프트맥스 함수를 사용하여 대상 어휘에 대한 확률을 얻는다. 가장 높은 확률을 가진 단어가 현재 단계의 출력으로 선택된다. 예를 들어, "I" "love" "you"를 번역할 때 처음 생성될 확률이 가장 높은 단어가 "Je"라면 "Je"가 출력된다.

생성된 단어가 시퀀스에 추가되고 단어가 추가된 시퀀스를 사용하여 작업이 반복된다. 예를 들어, 시작 시퀀스인 [〈BOS〉]에 단어가 추가되면, 새로운 시퀀스는 이제 [〈BOS〉,"Je"]가 된다. 모델은 문장의 종료를 알리는 토큰(〈EOS〉, End of Sentence)이 생성되거나 미리 정의된 최대 시퀀스 길이에 도달할 때까지 단어를 계속 생성한다. 이러한 과정을 반복하여 디코

피드 포워드: 피드 포워드 신경망은 입력층, 은닉층, 출력층으로 구성된 가장 기본적인 형태의 인공 신경망이다. 입력층에서 입력값이 받아지고, 입력값은 은닉층에서 처리된 후 출력층으로 전달되어 출력값을 생성한다.

더는 번역된 프랑스어 문장 "Je t'aime"을 생성한다.

다시 말해, 트랜스포머 디코더(transformer decoder)는 첫 단계로 이전 시점에서 생성된 출력값(단어)을 임베딩한다. 그리고 입력 시퀀스와 이전 시점에서 생성된 출력값을 추가적인 입력으로 받아, 각 단어의 위치 정보를 파악하는 포지셔널 인코딩을 추가한다. 입력된 임베딩 벡터와 포지셔널 인코딩 벡터를 연결(concatenate)하여, 입력값을 생성한다.

이후 입력값을 셀프-어텐션 메커니즘에 입력하여, 입력값들 간의 상호작용을 계산한다. 이를 통해, 입력값 간의 유사도를 파악하고 출력 시퀀스를 생성하는 데 필요한 정보를 추출한다. 계산된 셀프-어텐션 가중치를 사용하여, 입력값에 가중치를 곱하고 셀프 어텐션 출력값(weighted sum)을 계산한다. 그리고 입력값과 계산된 셀프-어텐션 출력값을 연결한다. 연결된 벡터를 입력으로 받아, 피드 포워드 신경망을 통해 출력값을 계산한다. 마지막으로 디코더는 출력 시퀀스의 다음 단어를 예측하기 위해, 다음 단어를 예측하는 데 필요한 정보를 출력한다. 그리고 이 과정을 반복하여 번역을 완성한다(안상준·유원준: 16-01).

미세조정

챗GPT 모델은 이전 대화 기록을 이용하여 미세조정(fine-tuning)을 수행함으로써, 특정 응용 분야에 최적화된 대화 생성을 지원한다. 미세조정은 미리 학습된(pre-trained) 모델을 새로운 작업(task)에 맞게 조정하는 과정이다. 즉, 기존에 다른 작업을 수행하도록 학습된 모델을 새로운 작업에 맞게 재학습하는 것이다. 미세조정은 대규모 데이터세트로 미리 학습된 모델을 가져와서, 해당 작업의 데이터로 모델을 미세조정하는 것이 일반적이다. 이는 새로운 작업에서 필요한 지식이 이전 작업에서 학습된 모델에 이미 포함되어 있기 때문이다.

예를 들어, 자연어 처리 작업에서는 BERT(bidirectional encoder representations from transformers)• 나 GPT-2 같은 미리 학습된 언어 모델을 사용하여 미세조정을 수행한다. 이러한 모델은 대규모의 언어 모델링 데이터세트를 사용하여 학습되었으며, 다양한 자연어 처리 작업에서 좋은 성능을 보인다. 이러한 모델을 새로운 작업에 맞게 미세조정하면, 새로운 작업에서 높은 성능을 보이게 된다.

BERT: 2018년에 구글이 공개한 사전 훈련된 모델이다. BERT는 트랜스포머를 이용하여 구현되었으며, 위키피디아(25억 단어)와 BooksCorpus(8억 단어)와 같은 레이블이 없는 텍스트 데이터로 사전 훈련된 언어 모델이다.

미세조정은 학습 데이터의 크기와 양에 따라 성능이 달라질 수 있다. 학습 데이터가 적을 경우, 미세조정이 과적합 문제를 유발할 수 있으며, 학습 데이터가 많을 경우, 일반화 성능이 향상될 수 있다. 또한 미세조정의 성능은 초기 모델 가중치와 미세조정에 사용되는 학습 알고리즘, 학습률 등에 따라 달라질 수 있다.

비지도 학습

챗GPT는 GPT-3와 같이 큰 모델 사이즈를 사용하여, 대규모 텍스트 데이터를 학습한다. 이를 통해, 모델은 매우 다양한 텍스트 데이터를 이해하고, 이를 기반으로 다양한 주제 및 분야에서 자연스러운 대화를 생성할 수 있다. 또한 모델은 비지도 학습(unsupervised learning)을 기반으로 하기 때문에, 추가적인 학습 없이도 새로운 대화 생성을 지원한다.

비지도 학습은 데이터에서 정답(lable)이 주어지지 않은 데이터(unlabeled data)를 사용하여 학습하는 기계 학습 방법이다. 즉, 데이터의 구조와 특징을 찾아내는 방법이다. 비지도 학습은 데이터에 대한 사전 지식이 없는 경우에 사용된다. 예를 들어, 클러스터링, 차원 축소, 이상 탐지 등의 작업에서 사용된다.

클러스터링은 데이터를 비슷한 특성을 가진 그룹(클러스터)으로 나누는 작업이다. 예를 들어, 고객 구매 기록 데이터에서 비슷한 구매 패턴을 가진 고객을 그룹화하는 것이다. 이러한 클러스터링 작업은 비지도 학습을 사용하여 수행된다. 차원 축소는 복잡한 데이터를 단순한 데이터로 축소하는 작업이다. 이러한 작업은 데이터 시각화, 특성 추출 등에서 사용된다. 비지도 학습 방법 중 하나인 주성분 분석(principal component analysis: PCA)● 은 차원 축소 기법 중 하나이다. 이상 탐지는 정상 데이터와 다른 특징을 가진 이상 데이터를 감지하는 작업이다. 예를 들어, 신용카드 거래에서 평소에 거래가 잘 발생하지 않는 장소에서 거래가 나타나면 이를 이상 거래로 탐지하는 작업이 있다. 비지도 학습은 데이터에 대한 사전 지식이 없는 경우에 유용하게 사용된다. 그러나 정답이 없는 데이터를 사용하기 때문에, 학습된 모델의 성능을 평가하기 어려울 수 있다.

주성분 분석: 가장 널리 사용되는 차원 축소 기법 중 하나로, 원데이터의 분포를 최대한 보존하면서 고차원 공간의 데이터들을 저차원 공간으로 변환한다. PCA는 기존의 변수를 조합하여 서로 독립적인 새로운 변수, 즉 주성분(principal component: PC)들을 만들어 낸다. 첫 번째 주성분(PC1)이 원데이터의 분포를 가장 많이 보존하고, 두 번째 주성분(PC2)이 그 다음으로 원데이터의 분포를 많이 보존하는 방식이다. 11차원의 데이터의 경우 기존의 변수들을 조합하여 11개의 주성분을 만들 수 있는데, 만일 PC1, PC2, PC3가 원데이터의 분포(성질)의 약 90%를 보존한다면, 10% 정도의 정보는 잃어버리더라도 합리적인 분석에 큰 무리가 없으므로 PC1, PC2, PC3만 택하여 3차원 데이터로 차원을 줄일 수 있다(이상구 외 2020).

위와 같은 과정을 통하여 구동되는 챗GPT는 대화형 인터페이스를 갖춘 인공지능 챗봇을 구현한다. 이 모델은 자연어 처리 및 이해 기술을 사용하여, 인간과 자연스러운 대화를 한다.

한국의 인공지능: 알파고와 이세돌

2016년 3월, 구글 딥마인드의 인공지능 바둑 프로그램 알파고(AlphaGo)가 세계 바둑 챔피언이었던 한국인 이세돌을 이기면서 한국에서 인공지능 기술의 발전에 대한 관심이 더욱 커졌다.

알파고는 인공 신경망과 강화 학습 기술을 이용하여 바둑 게임에서 승리하는 알고리즘을 개발한 것이다. 이를 위해 구글 딥마인드는 알파고가 게임을 학습할 수 있도록 30만 개의 바둑 대국을 인공 신경망에 입력하고 학습시켰다. 이후, 알파고는 강화 학습을 통해 게임 전략을 스스로 개발하면서 이세돌과의 대국을 준비하였다.

이세돌과 알파고의 대국은 2016년 3월 9일부터 15일까지 5번의 대국으로 진행되었다. 이 중에서 4번의 대국에서 알파고가 이세돌을 이기며, 인공지능이 인간의 경기 실력을 뛰어넘을 수 있는 것을 보여 주었다.

한국 기업의 인공지능 개발

네이버에서 개발한 HyperCLOVA는 한국어에 특화된 대규모 사전 학습 언어 모델로, GPT-3 아키텍처를 기반으로 한다. 이 모델은 5,600억 개의 토큰으로 구성된 한국 중심 말뭉치를 사용하여 학습되었으며, 다양한 크기의 모델 성능과 최근 소개된 프롬프트 최적화의 문맥 내 학습에 대한 영향을 분석한다. 한국어 특화 토큰화를 통해 개선된 HyperCLOVA는 학습 구성을 바탕으로 한국어로 다양한 하위 작업에서 최첨단의 맥락 내 제로샷 및 퓨샷 학습 성능을 보여 준다.

제로샷 학습(zero-shot learning: ZSL)은 모델이 학습 과정에서 본 적이 없는 카테고리나 작업에 대해 일반화하는 능력을 평가한다. 이 방법에서 모델은 훈련 데이터에 없는 새로운 개체나 작업을 예측하거나 분류해야 한다. 제로샷 학습은 모델이 적은 양의 데이터로도 높은 성능을 발휘할 수 있는지 확인하는 방법이다.

퓨샷 학습(few-shot learning: FSL)은 모델이 매우 적은 양의 데이터를 사용하여 새로운 작업을 배우는 능력을 평가한다. 일반적으로 퓨샷 학습에서는 몇 가지 샘플만 제공되며, 모델은 이를 바탕으로 새로운 작업을 수행하도록 학습된다. 퓨샷 학습은 데이터가 제한된 상황에서도 모델이 유용한 정보를 추출하고 빠르게 적응할 수 있는지 확인하는 방법이다.

또한 HyperCLOVA는 프롬프트 기반 학습의 성능 향상을 보여 주고, 이를 프롬프트 엔지니어링 파이프라인에 통합하는 방법을 제시한다. 프롬프트 엔지니어링 파이프라인은 사전 학습된 언어 모델을 사용하여 새로운 작업에 적용할 수 있는 프로세스이다. 프롬프트 엔지니어링은 모델에게 특정 작업을 수행하도록 가이드하는 질문이나 명령을 생성하는 방법이다. 프롬프트는 언어 모델의 입력으로 사용되며, 모델은 이를 바탕으로 적절한 출력을 생성한다.

프롬프트 엔지니어링 파이프라인은 머신러닝 전문가뿐만 아니라 비전문가들도 손쉽게 사용할 수 있다. 이를 통해 더 많은 사람들이 인공지능 기술을 활용하고 이해할 수 있으며, 다양한 산업과 서비스에 AI를 적용하는 것이 가능해진다. 이를 위해 네이버는 HyperCLOVA 스튜디오라는 상호 작용식 프롬프트 엔지니어링 인터페이스를 소개하여 머신러닝 비전문가들에게 AI 프로토타이핑 기능을 제공함으로써 No Code AI 패러다임을 구현할 가능성을 모색하고 있다. HyperCLOVA는 네이버 내부에서 성공적으로 적용된 세 가지 애플리케이션을 통해 그 잠재력을 입증하였다(Kim et al. 2021).

3

챗GPT와 파이썬을 활용한 기초적 금융 빅데이터 분석

········· 퀀티테이티브 트레이딩

········· 한국 기업 주가분석

········· 파이썬 코드의 이해를 위한 단계별 학습

········· 비선형 회귀분석

········· 부동산 데이터와 인구 데이터의 결합

퀀티테이티브 트레이딩

챗GPT를 금융 빅데이터 분석에 활용하기 위해, 데이터에 의해 자동으로 거래하는 퀀티테이티브 트레이딩(quantitative trading) 프로그램을 만들어 달라고 요청하였다. 보다 구체적으로는 "애플과 마이크로소프트사의 주가 비율이 일정 수준 이상을 벗어날 때 자동적으로 신호를 주는 파이썬 코드를 만들어 주세요"라고 요청하였다. 챗GPT가 만들어 준 코드와 결과물은 다음과 같다.

```
In [1]:
import yfinance as yf
import pandas as pd
import numpy as np
import matplotlib.pyplot as plt

# Define the stocks and period you want to analyze
tickers =['AAPL','MSFT']
start_date='2010-01-01'
end_date='2021-09-01'
```

```
# Download historical stock data
data=yf.download(tickers,start=start_date,end=end_date)
```

챗GPT는 이 코드를 다음과 같이 설명한다.

이 코드는 yfinance 라이브러리를 사용하여 Yahoo Finance에서 주식 가격 데이터를 다운로드합니다.
tickers: 다운로드하고자 하는 주식 종목들의 티커(symbol)를 리스트 형태로 입력합니다. 위 코드에서는 AAPL(애플)과 MSFT(마이크로소프트)를 대상으로 합니다.
start_date: 데이터 다운로드의 시작 일자를 문자열 형태로 입력합니다.
end_date: 데이터 다운로드의 종료 일자를 문자열 형태로 입력합니다.
data: yf.download() 함수를 사용하여 주어진 기간(start_date~end_date) 동안의 각 종목(tickers)의 시가(open), 종가(close), 고가(high), 저가(low), 거래량(volume) 정보를 포함한 pandas.DataFrame 객체를 반환합니다.
다운로드된 데이터를 활용하여 시계열 데이터 분석을 수행할 수 있습니다. 위 코드에서는 pandas와 numpy 라이브러리를 사용하여 데이터를 가공하고, matplotlib 라이브러리를 사용하여 데이터를 시각화할 수 있습니다.

```
In [2]:
# Calculate the stock price ratio
price_ratio=data['Adj Close']['AAPL']/data['Adj Close']['MSFT']

# Calculate the mean and standard deviation
mean_ratio=price_ratio.mean()
std_ratio=price_ratio.std()
```

챗GPT는 이 코드를 다음과 같이 설명한다.

위 코드는 AAPL 주식과 MSFT 주식의 가격 비율을 계산하는 코드입니다.
첫 번째 라인에서는 AAPL 주식의 조정종가(adjusted closing price)를 MSFT 주식의 조정종가로 나누어서 가격 비율을 계산합니다. 이렇게 계산된 가격 비율은 'price_ratio' 변수에 저장됩니다.
두 번째 라인에서는 'price_ratio' 변수에서 평균과 표준 편차를 계산하여, 'mean_ratio' 와 'std_ratio' 변수에 각각 저장합니다. 이렇게 계산된 평균과 표준 편차는 후속 분석에 사용될 수 있습니다.

```
In [3]:
# Set the threshold for the signal
threshold=1.5 # You can adjust this value based on your risk appetite
```

```
# Create the trading signals
signals=pd.DataFrame(index=data.index)
signals['signal']=0

# Buy signal: when the price ratio is below the mean minus the threshold
times the sta
signals.loc[price_ratio<mean_ratio-threshold*std_ratio,'signal']=1

# Sell signal: when the price ratio is above the mean plus the threshold
times the sta
signals.loc[price_ratio>mean_ratio+threshold*std_ratio,'signal']=-1
```

챗GPT는 이 코드를 다음과 같이 설명한다.

이 코드는 페어 트레이딩(pairs trading) 전략을 구현하기 위해, AAPL과 MSFT의 주식 가격 비율을 계산하고, 그 비율이 일정 임계값(threshold)보다 큰 경우 매도 신호를, 그 비율이 일정 임계값보다 작은 경우 매수 신호를 생성하는 코드입니다.
우선, price_ratio를 계산하여 AAPL의 조정종가를 MSFT의 조정종가로 나눈 값으로 두 회사의 주식 가격 비율을 계산합니다. 그리고 이를 바탕으로 mean_ratio와 std_ratio를 계산합니다. mean_ratio는 가격 비율의 평균값을 나타내며, std_ratio는 가격 비율의 표준편차를 나타냅니다.

이어서, signals DataFrame을 생성하고, 초기값을 0으로 설정합니다. 그리고 price_ratio가 mean_ratio에서 threshold*std_ratio를 뺀 값보다 작은 경우(즉, mean_ratio-threshold*std_ratio 아래에 위치한 경우)에는 해당 일자의 'signal' 값을 1로 설정하여 매수 신호를 생성합니다. 반면, price_ratio가 mean_ratio에서 threshold*std_ratio를 더한 값보다 큰 경우(즉, mean_ratio+threshold*std_ratio 위에 위치한 경우)에는 해당 일자의 'signal' 값을 -1로 설정하여 매도 신호를 생성합니다.

```
In [4]:
# Set the font properties for Korean characters
plt.rcParams['font.family']='NanumGothic'
plt.figure(figsize=(12,8))
plt.plot(price_ratio, label='애플/마이크로소프트 가격 비율')
plt.axhline(y=mean_ratio,color='black',linestyle='-',label='평균 비율')
plt.axhline(y=mean_ratio-threshold*std_ratio,color='blue',linestyle='--',
label='매수 신호 기준선')
plt.axhline(y=mean_ratio+threshold*std_ratio,color='gray',linestyle='--',
label='매도 신호 기준선')
plt.scatter(signals.loc[signals['signal']==1].index,price_ratio[signals['signal']
==1],marker='^',color='blue',label='매수 신호')
plt.scatter(signals.loc[signals['signal']==-1].index,price_ratio[signals['signal']
==-1],marker='v',color='gray',label='매도 신호')
plt.xlabel('시기')
```

```
plt.ylabel('가격 비율')
plt.title('애플과 마이크로소프트사의 주가 비율과 거래 신호')
plt.legend()
plt.show()
```

챗GPT는 이 코드를 다음과 같이 설명한다.

> 이 코드는 앞서 생성한 거래 신호(trading signals)를 시각화하는 코드입니다.
> 먼저, figure() 함수를 사용하여 그래프의 크기를 설정합니다.
> 그다음, price_ratio를 그래프로 그립니다. 이것은 AAPL 가격을 MSFT 가격으로 나눈 비율입니다. 그리고 mean_ratio를 검은색 실선으로 표시합니다. threshold 값을 기준으로, 위쪽과 아래쪽의 임계선도 표시합니다.
> 이어서, scatter() 함수를 사용하여 매수/매도 신호가 있는 날짜에 해당하는 점을 표시합니다. 여기서 1은 매수 신호를, -1은 매도 신호를 나타냅니다.
> 마지막으로, x축과 y축의 레이블, 그래프 제목, 범례 등을 추가하여 그래프를 완성합니다.
> 결과적으로, 이 코드는 AAPL과 MSFT 주식의 가격 비율과 함께 거래 신호를 표시하여 주식 투자 전략에 활용할 수 있는 정보를 제공합니다.

챗GPT가 제공한 결과물은 그림 1과 같다. 이는 기초적 금융분석 결과와 코드이다. 챗GPT는 기초적

| 그림 1 | 애플과 마이크로소프트사의 주가 비율과 거래 신호

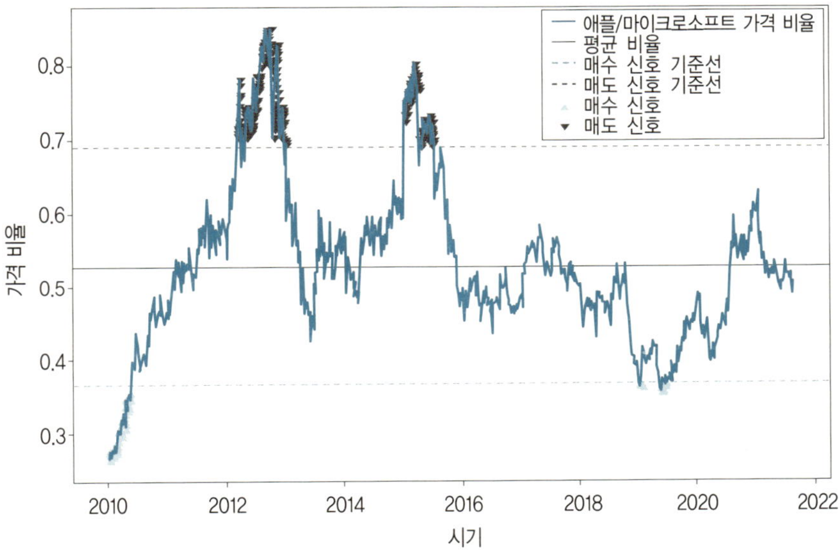

금융분석을 넘어서, 머신러닝과 머신러닝의 결과를 판별하는 방법 등 보다 복잡한 파이썬 코드도 요청하면 직관적인 방식으로 제공한다.

한국 기업 주가분석

챗GPT는 [3002 rows x 54 columns]을 사용하는 금융 빅데이터를 쉽게 분석해 주는 코드도 제공한다. 챗GPT에게 "한국 주식시장에서 시가 총액이 가장 큰 9개의 기업들의 주가 비율을 분석하는 파이썬 코드를 yfinance library를 사용해서 작성해 주세요"라고 요청하였다. 그리고 약간의 수정을 거친 파이썬 코드와 결과물은 다음과 같다.

```
import pandas as pd
import yfinance as yf
from sklearn.linear_model import LinearRegression
import matplotlib.pyplot as plt

# List of tickers for the 9 largest South Korean companies
tickers=['005930.KS','000660.KS','005380.KS','051910.KS','005490.KS',
         '105560.KS','055550.KS','032830.KS','012330.KS']

# Download historical data for the tickers
data=yf.download(tickers,start='2011-01-01',end='2023-03-14',group_by='ticker')

# Calculate the price ratio for each pair of stocks
price_ratios={}
for i in range(len(tickers)):
    for j in range(i+1,len(tickers)):
        ticker1=tickers[i]
        ticker2=tickers[j]
        data1=data[ticker1]["Close"]
        data2=data[ticker2]["Close"]
        ratio=data1/data2
```

```
        price_ratios[f"{ticker1}/{ticker2}"]=ratio

# Create a DataFrame of the price ratios
price_ratios_df=pd.DataFrame.from_dict(price_ratios)

# Perform linear regression on the price ratios
X=price_ratios_df.iloc[:,:-1]
y=price_ratios_df.iloc[:,-1]
reg=LinearRegression().fit(X,y)

# Plot the actual versus predicted values of the price ratios
plt.rcParams['font.family']='NanumGothic'
y_pred=reg.predict(X)
plt.scatter(y,y_pred)
plt.xlabel("실제 가격 비율")
plt.ylabel("예측 가격 비율")
plt.title("실제 vs. 예측 가격 비율(선형분석)")
plt.show()

# Plot the coefficients of the linear regression model
coefficients=reg.coef_
plt.bar(x=range(len(coefficients)),height=coefficients)
plt.xlabel("기업 간의 주가 비율")
plt.ylabel("계수값")
plt.title("선형분석 모형의 계수값")
plt.show()
```

챗GPT는 이 코드에 대하여 다음과 같이 설명한다.

이 코드는 다음과 같은 작업을 수행합니다:
yfinance 라이브러리를 사용하여 대한민국에서 가장 큰 9개 기업들의 주식 데이터를 다운로드합니다.

1. 각 주식 데이터 쌍에 대해 가격 비율을 계산합니다.
2. 가격 비율 데이터를 사용하여 선형 회귀분석을 수행합니다.
3. 선형 회귀분석 결과를 시각화합니다.
4. 코드에서 사용된 함수와 라이브러리에 대한 설명은 다음과 같습니다.

yf.download(tickers,start='2011-01-01',end='2023-03-14', group_by='ticker'): yfinance 라이브러리를 사용하여 입력된 기업의 주식 데이터를 다운로드합니다. tickers는 주식 데이터를 다운로드할 기업의 종목 코드 리스트입니다. start와 end는 각각 다운로드할 데이터의 시작일과 종료일을 지정합니다. group_by는 다운로드한 데이터를 ticker 기준으로 그룹화합니다.
LinearRegression(): scikit-learn 라이브러리에서 선형 회귀 모델을 생성합니다.
fit(X, y): 입력 데이터 X와 예측할 타겟값 y를 사용하여 모델을 학습시킵니다.
predict(X): 모델을 사용하여 입력 데이터 X를 예측합니다.
plt.scatter(y,y_pred): matplotlib 라이브러리를 사용하여 실제값과 예측값을 산점도로 시각화합니다.

| 그림 2 | **실제 주가와 예측 주가(위), 선형 회귀분석 결과(아래)**

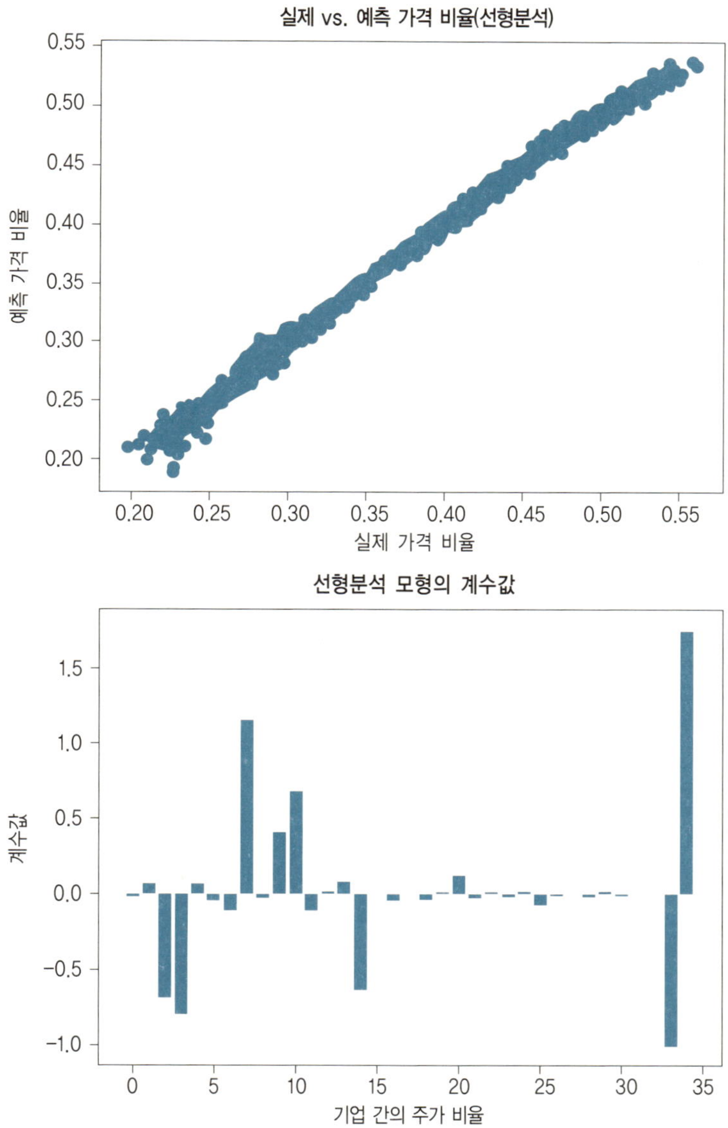

plt.bar(x=range(len(coefficients)),height=coefficients): matplotlib 라이브러리를 사용하여 선형 회귀 모델의 계수(coefficient)를 막대그래프로 시각화합니다.

[3002 rows x 54 columns]을 사용한 금융 빅데이터는 오류 없이 프로그램이 실행되었고, 수정을 거쳐 보다 정확하고 복합적인 모델로 변형될 수 있다. 예를 들어, LinearRegression은 Non LinearRegression을 사용하는 분석함수로 변환될 수 있으며, 파이썬 코드에 대한 기초적인 이해가 있다면, 또는 일반적인 코딩에 대한 이해가 있다면, 이 코드를 변경하거나, 챗GPT에 요청하여 보다 복잡한 코드를 만드는 것은 과거의 코딩 작업에 비하면 매우 간단하다. 그리고 챗GPT는 금융 데이터 분석과 같이 해석 오류의 가능성이 적은 부분에서는 놀라운 처리 능력을 보여준다.

파이썬 코드의 이해를 위한 단계별 학습

파이썬에 익숙하지 않은 사람들은 데이터의 크기를 줄이고, 코드를 한 줄, 한 줄 실행하고, 또 챗

GPT에 코드의 의미를 물어보고, 오류를 수정해 달라고 요청하는 방식으로 파이썬 언어를 어느 정도 학습할 수 있다.

한국 주식시장을 분석하는 파이썬 코드를 이해하기 위해서 데이터의 크기를 줄인 코드는 다음과 같다.

```
import pandas as pd
import yfinance as yf
from sklearn.linear_model import LinearRegression
import matplotlib.pyplot as plt

# List of tickers for the 3 largest South Korean companies
tickers=['005930.KS','000660.KS','005380.KS']

# Download historical data for the tickers
data=yf.download(tickers,start='2023-03-01',end='2023-03-14',group_by='ticker')
```

이 코드에서는 기업의 수를 3개로 줄이고, 데이터의 기간을 2주로 줄였다. 그리고 다운로드 된 데이터를 보기 위해서는 print() 명령어를 사용하면 된다.

```
print(data)
           000660.KS
             Open     High      Low   Close Adj    Close   Volume
Date
2023-03-02  89400.0  90300.0  87500.0  88100.0  88100.0  2744038
2023-03-03  88500.0  89200.0  87200.0  87300.0  87300.0  2239958
2023-03-06  87900.0  89800.0  87500.0  89700.0  89700.0  2374415
2023-03-07  89700.0  90000.0  88800.0  88900.0  88900.0  1610948
2023-03-08  87700.0  87800.0  86400.0  86800.0  86800.0  2790989
2023-03-09  87300.0  87800.0  85300.0  85600.0  85600.0  3315016
2023-03-10  83800.0  84400.0  83100.0  83300.0  83300.0  3559824
2023-03-13  83200.0  84700.0  82400.0  84300.0  84300.0  2860341

           005380.KS
              Open      High       Low   Close Adj     Close  Volume
Date
2023-03-02  176500.0  179800.0  176500.0  178500.0  178500.0  747929
2023-03-03  177500.0  178200.0  175000.0  176100.0  176100.0  549203
2023-03-06  177800.0  178500.0  176000.0  177500.0  177500.0  547005
2023-03-07  176500.0  177500.0  175100.0  175100.0  175100.0  462996
2023-03-08  174300.0  176100.0  174100.0  174900.0  174900.0  497195
2023-03-09  176600.0  180400.0  175700.0  176300.0  176300.0  808110
2023-03-10  174700.0  176700.0  174600.0  175000.0  175000.0  443221
2023-03-13  174400.0  176300.0  173500.0  176000.0  176000.0  529759
```

	005380.KS					
	Open	High	Low	Close Adj	Close	Volume
Date						
2023-03-02	60900.0	61800.0	60500.0	60800.0	60800.0	13095682
2023-03-03	61000.0	61200.0	60500.0	60500.0	60500.0	10711405
2023-03-06	61100.0	61600.0	60800.0	61500.0	61500.0	13630602
2023-03-07	61400.0	61400.0	60700.0	60700.0	60700.0	11473280
2023-03-08	60100.0	60500.0	59900.0	60300.0	60300.0	14161857
2023-03-09	60500.0	60800.0	59900.0	60100.0	60100.0	14334499
2023-03-10	59500.0	59700.0	59100.0	59500.0	59500.0	11902471
2023-03-13	59900.0	60200.0	59300.0	60000.0	60000.0	12779724

출력된 데이터의 형태를 보면 깔끔하게 정리되어 있지는 않지만 자세히 보면 주가 데이터는 기업별로, 그리고 날짜별로 구분되어 Open, High, Low, Close Adj, Close, Volume의 6개 열로 되어 있음을 알 수 있다(참고로 데이터는 이후의 pd 명령어에서 깔끔하게 정리된다).

다음 코드는 주가 사이의 비율을 구하는 부분이다.

```
# Calculate the price ratio for each pair of stocks
price_ratios={}
for i in range(len(tickers)):
    for j in range(i+1,len(tickers)):
        ticker1=tickers[i]
```

```
ticker2=tickers[j]
data1=data[ticker1]["Close"]
data2=data[ticker2]["Close"]
ratio=data1/data2
price_ratios[f"{ticker1}/{ticker2}"]=ratio
```

주식들의 가격 비율을 구하는 이 코드는 i와 j를 사용하여 비율을 구하고 있음을 보여 준다. len() 함수는 데이터의 구조에 익숙한 사람이라면 ticker의 길이를 의미하며, 현재의 데이터에서는 기업이 3개이기 때문에 3이 된다는 것을 유추할 수 있다. print() 명령어를 사용하여 결과값을 출력하면 다음과 같다.

```
print(price_ratios)
{'005930.KS/000660.KS': Date
2023-03-02          0.690125
2023-03-03          0.693013
2023-03-06          0.685619
2023-03-07          0.682790
2023-03-08          0.694700
2023-03-09          0.702103
2023-03-10          0.714286
```

```
2023-03-13        0.711744
Name: Close, dtype: float64, '005930.KS/005380.KS': Date
2023-03-02        0.340616
2023-03-03        0.343555
2023-03-06        0.346479
2023-03-07        0.346659
2023-03-08        0.344768
2023-03-09        0.340896
2023-03-10        0.340000
2023-03-13        0.340909
Name: Close, dtype: float64, '000660.KS/005380.KS': Date
2023-03-02        0.493557
2023-03-03        0.495741
2023-03-06        0.505352
2023-03-07        0.507710
2023-03-08        0.496284
2023-03-09        0.485536
2023-03-10        0.476000
2023-03-13        0.478977
Name: Close, dtype: float64}
```

이 결과값 역시 깔끔하게 정리되어 있지는 않지만 3개의 기업 사이의 상대적인 주가 비율을 날짜별로 구하고 있음을 보여 준다. 그리고 다음 명령어에서 데이터는 깔끔한 형식으로 정리된다.

```
# Create a DataFrame of the price ratios
price_ratios_df=pd.DataFrame.from_dict(price_ratios)
```

정리된 데이터를 확인하기 위해 print() 명령어를 사용한 결과값은 다음과 같다.

```
print(price_ratios_df)
            005930.KS/000660.KS  005930.KS/005380.KS  000660.KS/005380.KS
Date
2023-03-02             0.690125             0.340616             0.493557
2023-03-03             0.693013             0.343555             0.495741
2023-03-06             0.685619             0.346479             0.505352
2023-03-07             0.682790             0.346659             0.507710
2023-03-08             0.694700             0.344768             0.496284
2023-03-09             0.702103             0.340896             0.485536
2023-03-10             0.714286             0.340000             0.476000
2023-03-13             0.711744             0.340909             0.478977
```

이 결과값에서는 데이터가 깔끔한 형태로 정리되었음을 알 수 있다.

다음의 코드에서는 선형 회귀분석을 실시한다.

```
# Perform linear regression on the price ratios
X=price_ratios_df.iloc[:,:-1]
```

```
y=price_ratios_df.iloc[:,-1]
reg=LinearRegression().fit(X,y)
```

복잡해 보이기도 하는 이 코드는 한 줄씩 실행하며 결과값을 보면 그 의미를 알 수 있다.

print() 명령어를 사용하여 X값을 출력하면 다음과 같다.

```
print(X)
              005930.KS/000660.KS    005930.KS/005380.KS
Date
2023-03-02         0.690125               0.340616
2023-03-03         0.693013               0.343555
2023-03-06         0.685619               0.346479
2023-03-07         0.682790               0.346659
2023-03-08         0.694700               0.344768
2023-03-09         0.702103               0.340896
2023-03-10         0.714286               0.340000
2023-03-13         0.711744               0.340909
```

결과값을 보면, X는 price_ratios_df에서 마지막 행을 삭제한 결과라는 것을 알 수 있다. 이 결과값을 통해 역으로 유추하면 X=price_ratios_df.iloc[:,:−1]라는 명령어 중 iloc[:,:−1]라는 복잡한 부분에서 [:,:−1] 부분은 열은 다 가져오고, 행은 마지막 행을 삭제하고 가져오는 것임을 알 수 있다. 챗GPT 역시 코드에 대해 설명을 요청하면 같은 설명을 제공한다.

비슷한 방식으로 다음 코드의 결과값을 출력하면 다음과 같다.

```
print(y)
Date
2023-03-02          0.493557
2023-03-03          0.495741
2023-03-06          0.505352
2023-03-07          0.507710
2023-03-08          0.496284
2023-03-09          0.485536
2023-03-10          0.476000
2023-03-13          0.478977
Name: 000660.KS/005380.KS, dtype: float64
```

결과값을 보면 y=price_ratios_df.iloc[:,−1]라는 명령어 중 iloc[:,−1]라는 부분은 열은 다 가져오고 행은 마지막 행만을 가져오라는 명령어임을 유추할 수 있고, 챗GPT 역시 같은 설명을 제공한다.

마지막 코드인 reg=LinearRegression().fit(X,y)은 X와 y 사이에 선형 회귀분석을 실시하고 선형을 맞추어 내라는 의미이다. 이 부분은 선형 회귀분석에 대한 통계적인 이해를 필요로 한다.

비선형 회귀분석

챗GPT가 수정해 준 비선형 회귀분석 모형에 대한 파이썬 코드는 다음과 같다.

```
import pandas as pd
import yfinance as yf
from sklearn.linear_model import LinearRegression
from sklearn.svm import SVR
from sklearn.preprocessing import StandardScaler
import matplotlib.pyplot as plt

# List of tickers for the 9 largest South Korean companies
tickers=['005930.KS','000660.KS','005380.KS','051910.KS','005490.KS',
         '105560.KS','055550.KS','032830.KS','012330.KS']

# Download historical data for the tickers
data=yf.download(tickers,start='2011-01-01',end='2023-03-14',group_by='ticker')
```

```
# Calculate the price ratio for each pair of stocks
price_ratios={}
for i in range(len(tickers)):
    for j in range(i+1,len(tickers)):
    ticker1=tickers[i]
    ticker2=tickers[j]
    data1=data[ticker1]["Close"]
    data2=data[ticker2]["Close"]
    ratio=data1/data2
    price_ratios[f"{ticker1}/{ticker2}"]=ratio

# Create a DataFrame of the price ratios
price_ratios_df=pd.DataFrame.from_dict(price_ratios)

# Perform linear regression on the price ratios
X=price_ratios_df.iloc[:,:-1]
y=price_ratios_df.iloc[:,-1]

# Standardize the data for the SVR model
scaler_X=StandardScaler()
scaler_y=StandardScaler()
X_scaled=scaler_X.fit_transform(X)
y_scaled=scaler_y.fit_transform(y.values.reshape(-1,1)).ravel()
```

```
# Train linear regression and SVR models
reg=LinearRegression().fit(X,y)
svr=SVR(kernel='rbf',C=1e3,gamma=0.1).fit(X_scaled,y_scaled)

# Predict the price ratios using the linear regression and SVR models
y_pred_linear=reg.predict(X)
y_pred_svr=svr.predict(X_scaled)
y_pred_svr_reshaped=y_pred_svr.reshape(-1,1)
y_pred_svr_inverse=scaler_y.inverse_transform(y_pred_svr_reshaped)

# Plot the actual versus predicted values of the price ratios for both models
plt.rcParams['font.family']='NanumGothic'
fig,(ax1,ax2)=plt.subplots(1,2,figsize=(12,5))
ax1.scatter(y,y_pred_linear)
ax1.set_xlabel("실제 가격 비율")
ax1.set_ylabel("예측 가격 비율")
ax1.set_title("실제 vs. 예측 가격 비율")

ax2.scatter(y,y_pred_svr_inverse)
ax2.set_xlabel("실제 가격 비율")
ax2.set_ylabel("예측 가격 비율")
ax2.set_title("실제 vs. 예측 가격 비율(SVR)")

plt.tight_layout()
plt.show()
```

챗GPT는 이 코드에 대해 다음과 같이 설명한다.

이 코드는 주식 가격 비율을 예측하기 위해 선형 회귀(linear regression)와 서포트 벡터 머신(support vector machine: SVR) 모델을 사용한 파이썬 프로그램입니다.
필요한 라이브러리를 임포트합니다.
pandas, yfinance, sklearn, matplotlib 등
한국의 9대 기업의 티커 목록을 만듭니다.
각 티커에 대한 과거 주식 데이터를 다운로드합니다(시작일: 2011-01-01, 종료일: 2023-03-14).
각 주식 쌍에 대한 가격 비율을 계산합니다.
가격 비율을 포함하는 DataFrame을 생성합니다.
가격 비율에 선형 회귀를 수행합니다.
서포트 벡터 머신 모델에 적합한 스케일로 데이터를 변환합니다.
선형 회귀와 SVR 모델을 훈련합니다.
선형 회귀와 SVR 모델을 사용하여 가격 비율을 예측합니다.
실제 가격 비율과 예측된 가격 비율을 선형 회귀 및 SVR 모델에 대해 비교하여 그래프로 표시합니다.
코드의 목적은 한국의 주요 기업들 사이의 주식 가격 비율을 예측하는 것입니다. 이를 통해 주식 가격의 상대적인 움직임에 대한 인사이트를 얻을 수 있습니다. 선형 회귀와 서포트 벡터 머신이라는 두 가지 머신러닝 기법을 사용하여 예측을 수행하며, 이를 시각화하여 성능을 비교합니다.

| 그림 3 | 선형 회귀분석 결과(위)와 비선형 회귀분석 결과(아래)

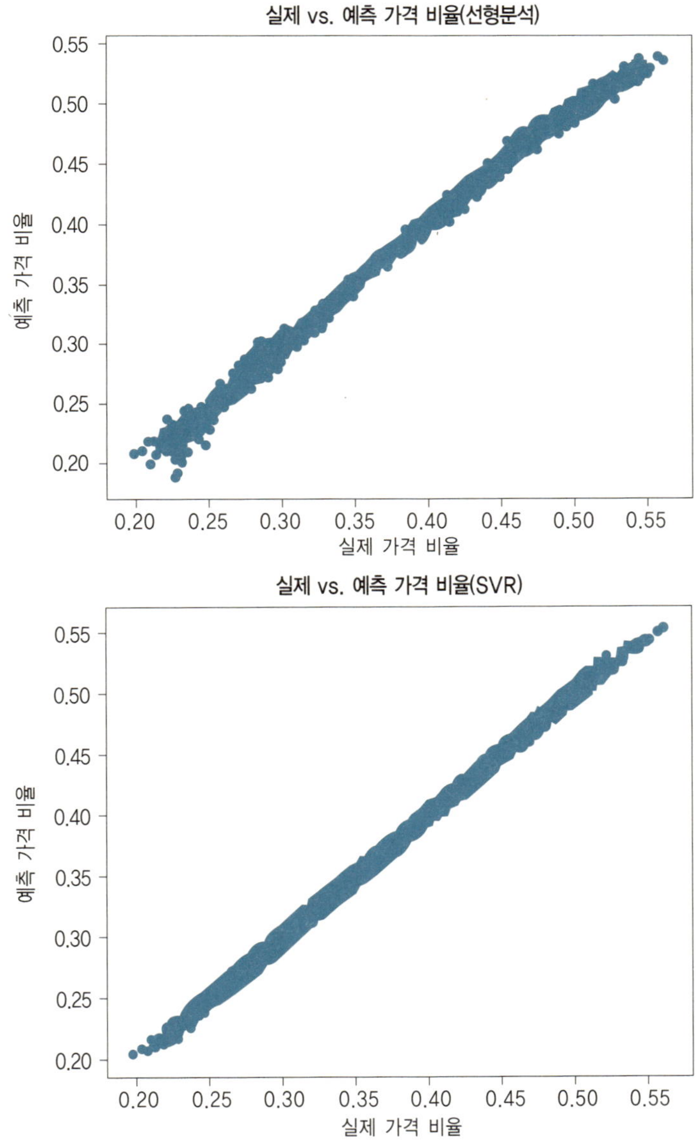

비선형 회귀분석의 결과는 그림 3과 같다. 그림을 보면 비선형 회귀분석을 통해 선형 회귀분석의 결과보다 정확한 주가 비율을 예측하는 것을 확인할 수 있다.

부동산 데이터와 인구 데이터의 결합

다음은 부동산 데이터와 인구 데이터를 결합하여 패널분석을 하는 파이썬 코드이다. 우선 부동산 데이터를 다운로드 받고 처리하는 코드는 다음과 같다. 이 코드에서는 국민은행 부동산 관련 API를 통해 서울 지역의 월단위 데이터를 다운받고, 이를 통계청의 인구 데이터와 합치기 위하여 월단위 데이터를 연단위 데이터로 변환하는 부분이다.

```
In [1]:
from PublicDataReader import Kbland
api=Kbland()
params={"월간주간구분코드":"01",
        "매물종별구분":"01",
```

```
        "매매전세코드":"01",
        "지역코드":"11",
        "기간":"",}
df=api.get_price_index(**params)
df.tail()
```

print(df)

	월간주간 구분	매물종별 구분	거래구분	지역코드	지역명	날짜	가격지수
0	월간	아파트	매매	1100000000		1986-01-01	12.634687
1	월간	아파트	매매	1100000000		1986-02-01	12.656584
2	월간	아파트	매매	1100000000		1986-03-01	12.634687
3	월간	아파트	매매	1100000000		1986-04-01	12.547098
4	월간	아파트	매매	1100000000		1986-05-01	12.481406
...	...	...	...	...	...	...	...
11591	월간	아파트	매매	1174000000	강동구	2022-10-01	99.050256
11592	월간	아파트	매매	1174000000	강동구	2022-11-01	97.654526
11593	월간	아파트	매매	1174000000	강동구	2022-12-01	95.464474
11594	월간	아파트	매매	1174000000	강동구	2023-01-01	91.261565
11595	월간	아파트	매매	1174000000	강동구	2023-02-01	90.342080

[11622 rows x 7 columns]

```
In [2]:
import pandas as pd
df1=pd.DataFrame(df)
df1=dfdro1.pna()
df1['날짜']=pd.to_datetime(df1['날짜'])
df1=df1oc[d.lf1['날짜'] >='2000-01-01']

# 월간 주간 구분을 연도로 변경
df1['연도']=df1['날짜'].dt.year

# 지역별, 연도별 평균 가격지수 계산
df1_grouped=df1.groupby(['지역코드','지역명','연도']).mean().reset_index()

# 0부터 23번 인덱스까지 데이터를 삭제하고 24번 인덱스부터 이후의
데이터만 남김. 지역 전체의 연도별 평균 데이터로 삭제되어야 한다. 최
초의 print(df) 명령어의 결과를 보면 0-4번 데이터(연도별 평균 데이터)
에 지역코드가 나와 있지 않은데 이 데이터를 삭제하여야 한다.
df1_grouped=df1_grouped.iloc[24:]
```

```
print(df1_grouped)
        지역코드        연도        가격지수
24      종로구          2002        53.757790
25      종로구          2003        54.580602
```

26	종로구	2004	55.404798
27	종로구	2005	56.674891
28	종로구	2006	60.038531
…	…	…	…
569	강동구	2019	78.154351
570	강동구	2020	82.105661
571	강동구	2021	93.996375
572	강동구	2022	99.454387
573	강동구	2023	90.801822

이렇게 처리된 부동산 데이터를 이후 다운로드 받은 인구 데이터와 결합할 수 있다. 통계청에서 인구 데이터를 받는 방법은 좀 더 복잡한데 우선 API 키를 발급받아야 한다. 그리고 통계 자료를 요청하기 위하여 API URL을 만들어야 한다.

KOSIS 통계공유 서비스(https://kosis.kr/openapi/devGuide/devGuide_0103List.jsp)에서 필요한 자료에 대한 URL을 만들 수 있는데, 원하는 통계와 지역 등은 직접 설정해야 한다. 다음의 예제에서는 저자의 API와 서울의 지역구별 조혼인율, 조이혼율, 조출생률 데이터를 다운로드 받는 URL을 직접 만들고 사용하였다.

In [3]:

```
import requests
import pandas as pd

# 발급받은 API 키를 입력합니다.
api_key="MDRiMGQ2MGY5ZWMwYWEzOGM1ZjAwMTBjMGU1NjA4YzE="

# 데이터를 가져올 API URL을 작성합니다. 이 예시에서는 인구 통계 데이
터를 받아옵니다.
url
=f"https://kosis.kr/openapi/Param/statisticsParameterData.do?method=get
List&apiKey=MDRiMGQ2MGY5ZWMwYWEzOGM1ZjAwMTBjMGU1Nj
A4YzE=&itmId=T11+T41+T51+&objL1=11010+11020+11030+11040+1
1050+11060+11070+11080+11090+11100+11110+11120+11130+111
40+11150+11160+11170+11180+11190+11200+11210+11220+11230
+11240+11250+&objL2=&objL3=&objL4=&objL5=&objL6=&objL7=&obj
L8=&format=json&jsonVD=Y&prdSe=Y&startPrdDe=2000&endPrdDe=2
021&orgId=101&tblId=DT_1B8000I"
response=requests.get(url)
data=response.json()

# 데이터를 pandas DataFrame으로 변환합니다.
df=pd.DataFrame(data)

# 데이터를 확인하고 저장합니다.
```

서울의 지역구별 조혼인율, 조이혼율, 조출생률 데이터를 다운로드 받은 df 데이터를 print(df) 명령을 통해 확인한 결과는 다음 페이지에서 확인할 수 있다. 이후의 명령어는 다운로드 받은 부동산 데이터와 인구 데이터를 합치고, 합친 데이터를 패널분석하는 코드이다.

```
print(df)
                    TBL_NM PRD_DE              TBL_ID          ITM_NM  \
0    시군구/인구동태건수 및 동태율(출생사망혼인이혼)   2000 DT_1B8000I   조출생률(천명당)
1    시군구/인구동태건수 및 동태율(출생사망혼인이혼)   2001 DT_1B8000I   조출생률(천명당)
2    시군구/인구동태건수 및 동태율(출생사망혼인이혼)   2002 DT_1B8000I   조출생률(천명당)
3    시군구/인구동태건수 및 동태율(출생사망혼인이혼)   2003 DT_1B8000I   조출생률(천명당)
4    시군구/인구동태건수 및 동태율(출생사망혼인이혼)   2004 DT_1B8000I   조출생률(천명당)
 ...                        ...                    ...             ...
1645 시군구/인구동태건수 및 동태율(출생사망혼인이혼)   2017 DT_1B8000I   조이혼율(천명당)
1646 시군구/인구동태건수 및 동태율(출생사망혼인이혼)   2018 DT_1B8000I   조이혼율(천명당)
1647 시군구/인구동태건수 및 동태율(출생사망혼인이혼)   2019 DT_1B8000I   조이혼율(천명당)
1648 시군구/인구동태건수 및 동태율(출생사망혼인이혼)   2020 DT_1B8000I   조이혼율(천명당)
1649 시군구/인구동태건수 및 동태율(출생사망혼인이혼)   2021 DT_1B8000I   조이혼율(천명당)
```

```
                    ITM_NM_ENG                   ITM_ID  ORG_ID C1_OBJ_NM \
0     Crude birth rate(per 1000 population)        T11      101    행정구역별
1     Crude birth rate(per 1000 population)        T11      101    행정구역별
2     Crude birth rate(per 1000 population)        T11      101    행정구역별
3     Crude birth rate(per 1000 population)        T11      101    행정구역별
4     Crude birth rate(per 1000 population)        T11      101    행정구역별
...                     ...                        ...      ...        ...
1645  Crude divorce rate(per 1000 population)      T51      101    행정구역별
1646  Crude divorce rate(per 1000 population)      T51      101    행정구역별
1647  Crude divorce rate(per 1000 population)      T51      101    행정구역별
1648  Crude divorce rate(per 1000 population)      T51      101    행정구역별
1649  Crude divorce rate(per 1000 population)      T51      101    행정구역별

               C1_OBJ_NM_ENG       DT  PRD_DE   C1     C1_NM   C1_NM_ENG
0     By administrative divisions  10.4    A   11010   종로구   Jongno-gu
1     By administrative divisions   9.1    A   11010   종로구   Jongno-gu
2     By administrative divisions    8     A   11010   종로구   Jongno-gu
3     By administrative divisions   7.8    A   11010   종로구   Jongno-gu
4     By administrative divisions   7.4    A   11010   종로구   Jongno-gu
...               ...               ...   ...   ...     ...        ...
1645  By administrative divisions   1.8    A   11250   강동구   Gangdong-gu
1646  By administrative divisions   1.7    A   11250   강동구   Gangdong-gu
1647  By administrative divisions   1.8    A   11250   강동구   Gangdong-gu
1648  By administrative divisions   1.7    A   11250   강동구   Gangdong-gu
1649  By administrative divisions   1.6    A   11250   강동구   Gangdong-gu
[1650 rows x 14 columns]
```

```
In [4]:
df_seoul=df.loc[:,['PRD_DE','ITM_NM','DT','C1_NM']]

from linearmodels.panel import PanelOLS
panel_data=df_seoul.set_index(['C1_NM','PRD_DE'])

panel_data=
pd.pivot_table(df_seoul,values='DT',index=['C1_NM','PRD_DE'],columns
=['ITM_NM'])

panel_data=panel_data.rename(columns={'조출생률(천명당)':'birth'})
panel_data=panel_data.rename(columns={'조혼인율(천명당)':'marry'})
panel_data=panel_data.rename(columns={'조이혼율(천명당)':'divorce'})

# 인덱스를 컬럼으로 변환
panel_data=panel_data.reset_index()

# 지역코드와 연도, 그리고 인구통계 정보만 추출
panel_data=panel_data[['C1_NM','PRD_DE','divorce','birth','marry']]
panel_data=panel_data.rename(columns={'C1_NM':'지역코드'})
panel_data=panel_data.rename(columns={'PRD_DE':'연도'})
df1_grouped=df1_grouped.drop('지역코드',axis=1)  # axis=1 옵션은 컬럼
을 삭제하라는 의미입니다.
df1_grouped=df1_grouped[['지역명','연도','가격지수']]
df1_grouped=df1_grouped.rename(columns={'지역명':'지역코드'})
```

```
panel_data['지역코드']=panel_data['지역코드'].astype(str)
panel_data['연도']=panel_data['연도'].astype(str)

df1_grouped['지역코드']=df1_grouped['지역코드'].astype(str)
df1_grouped['연도']=df1_grouped['연도'].astype(str)
merged_data=pd.merge(panel_data,df1_grouped,on=['지역코드','연도'],
               how='inner')
```

```
print(merged_data)
     지역코드   연도   divorce  birth  marry  가격지수
0    강남구   2002   2.2     8.2    6.8    34.886993
1    강남구   2003   2.4     8.3    6.4    38.868329
2    강남구   2004   2.1     7.9    6.5    42.660722
3    강남구   2005   1.9     7.3    6.8    46.075867
4    강남구   2006   2.0     8.0    7.1    55.891075
...  ...      ...    ...     ...    ...    ...
495  중랑구   2017   2.4     6.8    5.7    67.175076
496  중랑구   2018   2.3     6.1    5.6    71.541063
497  중랑구   2019   2.4     5.7    5.2    75.306044
498  중랑구   2020   2.2     4.8    4.7    80.019812
499  중랑구   2021   2.0     4.7    4.2    93.149463
```

```
In [5]:
from linearmodels.panel import PanelOLS
merged_data_panel=merged_data.set_index(['지역코드','연도'])
```

```
print(merged_data_panel)
지역코드    연도          divorce   birth   marry   가격지수
 강남구   2002-01-01     2.2       8.2     6.8    34.886993
          2003-01-01     2.4       8.3     6.4    38.868329
          2004-01-01     2.1       7.9     6.5    42.660722
          2005-01-01     1.9       7.3     6.8    46.075867
          2006-01-01     2.0       8.0     7.1    55.891075
  ...        ...         ...       ...     ...       ...
 중랑구   2017-01-01     2.4       6.8     5.7    67.175076
          2018-01-01     2.3       6.1     5.6    71.541063
          2019-01-01     2.4       5.7     5.2    75.306044
          2020-01-01     2.2       4.8     4.7    80.019812
          2021-01-01     2.0       4.7     4.2    93.149463
[500 rows x 4 columns]
```

```
In [6]:
merged_data_panel.index.set_levels(pd.to_datetime(merged_data_panel.
index.levels[1]),level=1,inplace=True)

# Estimate panel regression model
model=PanelOLS.from_formula('birth~1+marry+divorce+가격지수,data=
        merged_data_panel)
results=model.fit(cov_type='clustered',cluster_entity=True)
```

```
print(results)
                    PanelOLS Estimation Summary
================================================================
Dep. Variable:               birth   R-squared:              0.8558
Estimator:                PanelOLS   R-squared (Between):    0.7780
No. Observations:              500   R-squared (Within):     0.8760
Date:              Sun, Mar 19 2023   R-squared (Overall):    0.8558
Time:                     18:34:32   Log-likelihood         -543.17
Cov. Estimator:          Clustered
                                     F-statistic:            981.61
Entities:                       25   P-value                 0.0000
Avg Obs:                    20.000   Distribution:         F(3,496)
Min Obs:                    20.000
Max Obs:                    20.000   F-statistic (robust):   568.56
                                     P-value                 0.0000
Time periods:                   20   Distribution:         F(3,496)
Avg Obs:                    25.000
Min Obs:                    25.000
Max Obs:                    25.000

                        Parameter Estimates
================================================================
           Parameter  Std. Err.  T-stat  P-value   Lower  CIUpper CI
----------------------------------------------------------------
Intercept    5.2306    0.8209   6.3722   0.0000   3.6178    6.8434
```

divorce	0.0170	0.1378	0.1231	0.9020	-0.2537	0.2877
marry	0.9438	0.0681	13.854	0.0000	0.8100	1.0777
가격지수	-0.0528	0.0070	-7.5443	0.0000	-0.0666	-0.0391

==

이상의 결과를 통해 서울 지역의 부동산 데이터와 인구 데이터를 합치고 패널분석을 하는 결과를 얻을 수 있다. 결과에 대하여 간단히 해석하면, 결혼을 많이 할수록 출산율이 높아지고, 주택의 가격지수가 높아질수록 출산율이 낮아지는 것을 확인할 수 있다. 이혼의 경우 그 효과가 통계적으로 유의하게 나타나지 않는다.

4

챗GPT의 활용에 대하여

이 책에서는 챗GPT의 구동 방식에 대하여 설명하고, 챗GPT를 활용한 금융 빅데이터 분석 사례를 제공하였다. 챗GPT는 분명 아직까지 많은 문제점을 가지고 있지만, 금융 빅데이터 분석에는 큰 장점을 보여 주고 있다. 인터넷에 공개되어 있는 사람이 작성한 파이썬 코드는 많은 경우 챗GPT의 코드보다 이해하기 어려우며, 직관적이지 않은 경우가 많다. 챗GPT를 금융 빅데이터 분석에 활용하는 것을 가장 쉽게 만들어 준 부분은 야후 파이낸스(yfinance)라는 라이브러리를 사용하여 데이터를 자동으로 수집하는 부분이었다.

지금까지의 빅데이터 분석에서 가장 시간을 많이 소비하도록 하는 부분은 빅데이터를 활용하기 위해 데이터를 처리하고 가공하는 전처리 부분이었다. 데이터에 약간의 오류가 있을 경우 통계 프로그램에서는 오류 메시지를 송출하였고, 오류가 난 데이터 부분이나 코딩 부분을 찾아내고 수정하는 것에는 많은 시간이 소요되었다. 하지만 야후 파이낸스는 금융 데이터를 오류 없이 쉽게 가져올 수 있도록 해 주어 데이터의 수집과 처리에 들어가는 시간을 크게 줄여 주었다. 챗GPT의 효율성은 야후 파이낸스의 존재를 모르고 있던 사람들에게 이를 바로 알려주고 활용하게 해 주는 부분에도 있다고 판단된다.

챗GPT는 정보의 진위 여부가 상대적으로 명확한 금융 데이터 처리와 같은 부분에 있어서는 매우 뛰어난 성능을 보여 준다. 하지만, 다른 부분에서는 그 진위 판별이 어려운 측면도 있다. 개인적인 의견은 정보의 진위 여부가 문제가 되는 부분이 아니라 챗GPT가 인간보다 전문성을 가지고 있는 분야에 챗GPT를 활용하면 된다는 것이다.

이 책에서 이를 활용한 부분은 챗GPT가 최고의 이해 수준을 가지고 있다고 판단되는 챗GPT의 구동 방식에 대해 설명해 달라고 한 부분이었다. 챗GPT의 평가를 거쳐 작성된 답변은 일관적이었고, 챗GPT의 구동 방식에 대해 비교적 잘 설명하고 있다. 이는 챗GPT에 대한 일반의 이해를 높이는 것에, 또는 활용하는 방식에 대하여 기여하는 부분이 있다고 판단된다.

마지막으로 논의해야 할 부분은 인공지능이 인간을 대체하게 될 경우 인간의 역할이 무엇인가 하는 부분이다. 개인적인 견해로는 정보의 진위를 판단하는 부분이나, 인공지능의 결과물을 사용할 것인지 말 것인지를 결정하는 일, 그리고 최종책임을 지는 일은 당분간은 여전히 인간의 영역으로 남을 것이라 생각한다. 그리고 그 분야에 대한 많은 고민과 연구, 공론화와 토론이 필요할 것이다.

인공지능(AI)은 기술 혁신의 중심에 있으며, 거의 모든 산업 분야에서 깊은 영향을 미치고 있다. AI의 성공을 이끄는 핵심 요소 중 하나는 기계 학습 모델을 구축하기 위한 풍부하고 고품질의 데이터이다. 최근에는 데이터의 역할이 AI에서 상당히 확대되어 데이터 중심 AI라는 새로운 개념이 등장하고 있다. 데이터 중심 AI는 데이터의 질과 양에 초점을 맞추어 AI의 성능과 적용 범위를 확장하려는 노력이다(Zha et al. 2023).

기계 학습 모델의 성능은 대부분 훈련 데이터의 질에 의존한다. 고품질의 데이터를 사용하면 모델의 정확도와 신뢰성이 향상되며, 잘못된 결과로 인한 문제를 줄일 수 있다. 또한 다양한 데이터를 사용하면 모델이 더 넓은 범위의 작업에 적용될 수 있으며, 일반화된 추론 능력이 향상된다. 이를 통해 AI 기술의 활용 범위를 넓힐 수 있다. 그리고 시간이 지남에 따라 데이터의 품질이 저하될 수 있기에, 데이터 중심 AI는 데이터의 지속적인 유지, 보수를 통해 모델의 성능을 최적화하고 업데이트할 수 있는 방법을 제공할 수 있다.

데이터 중심 AI는 자동화와 협업을 통해 구현된다. 자동화는 데이터 처리 과정의 효율성을 높여 주며, 협업은 전문가와 비전문가 간의 상호 작용을 통해 데이터의 질을 향상시키는 데 도움이 된다. 이러한 접근 방식을 통해 데이터 중심 AI는 다양한 작업에 대한 벤치마크를 개선하고, 도전 과제를 해결하는 데 기여할 수 있다. 그리고 이러한 데이터 품질 중심 AI에는 데이터의 품질을 향상시키는 인간의 역할이 보다 중요해 질 것이라 생각된다.

데이터 품질 중심 AI의 연구와 실천은 인공지능 발전의 미래를 이끌어 갈 핵심 요소이다. 이 분야의 연구와 기술 발전을 통해 AI 시스템의 성능과 활용 범위를 확장하며, 다양한 산업과 서비스에 AI를 적용하는 것이 가능해질 것이다. 데이터 품질 중심 AI는, 또한 기존의 모델 중심 접근 방식에서 벗어나 데이터의 질과 양에 초점을 맞추어 더 효율적이고 지속 가능한 인공지능 발전을 추구할 수 있는 새로운 패러다임을 제시할 것이고, 이 분야는 인간이 인공 지능에 기여할 수 있는 일자리가 지속적으로 창출될 수 있다고 생각된다.

나가며

마이크로소프트는 2023년 4월 25일, 2023년 1분기의 실적을 발표하였다. 마이크로소프트는 실적을 알리는 보도 자료에서 다음과 같은 내용을 앞에 내세웠다.

"세계에서 가장 발전된 AI 모델들이, 세상에서 가장 보편적인 사용 방식인 자연스러운 말과 결합하여 새롭게 컴퓨터를 사용하는 시대를 만들고 있습니다. 마이크로소프트 클라우드는 고객들이 디지털 소비에서 가장 큰 가치를 얻고 다음 세대 AI를 혁신하기 위해 선택하는 플랫폼입니다."

마이크로소프트의 실적 발표 이후 구글, 마이크로소프트 그리고 메타(예전의 페이스북)가 실적 발표에서 AI를 50번 가까이 이야기하였다는 기사(VentureBeat)가 나왔다. 구체적인 기사 내용은 다음과 같다.

"이번 주에 이루어진 알파벳(구글), 마이크로소프트, 메타의 1분기 실적 발표에서 이 기술 대기업들은 인공 지능에 대한 도전적 전망과 투자로 인해 강력한 매출 성장을 기록하였다. AI라는 용어는 이들 회사의 경영진이 애널리스트들에게 실적을 발표하는 과정에서 수십 번 반복되었으며, 이는 업계가 AI가 혁신과 경쟁 우위를 차지하는 핵심이라고 믿고 있다는 것을 반영한다. 알파벳의 실적 발표에서 AI는 50번 언급되었고, 이어 메타에서 49번, 마이크로소프트에서 46번 언급되었다. 기술 대기업들이 AI를 언급하는 횟수는 투자자들이 최근 몇 달 동안 실리콘밸리를 매료시킨 생성적 인공지능 기술에 대한 투자를 강력하게 원하고 있다는 가장 최근의 상황을 반영한 신호이다."

이후 구글은 바드를 공개하였고, 마이크로소프트는 검색 엔진 빙에 챗GPT를 연계시키고 있다. 메타 역시 생성형 AI 기술을 보유하고 있다. 그리고 2023년 5월 24일 엔비디아의 실적 발표는 하드웨어 부분에서도 생성형 AI에 대한 투자가 집중되고 있음을 확인해 준다.

엔비디아는 GPU를 만드는 회사이고, 게임 분야에서 유명한 회사이다. 하지만 2023년 5월 24일 엔비디아의 실적이 발표된 자리에서 투자자들이 관심을 보인 것은 데이터 센터 분야, 보다 정확히는 생성형 AI에 필요한 GPU와 관련된 것이었다.

엔비디아의 보도 자료 내용은 다음과 같다.

"컴퓨터 산업은 가속화된 컴퓨팅과 생성 AI라는 두 가지 동시적인 변화를 겪고 있습니다. 기업들이 모든 제품, 서비스 및 비즈니스 프로세스에 생성 AI를 적용하기 위해 경쟁하는 가운데, 전 세계적으로 설치된 1조 달러 규모의 데이터 센터 인프라가 일반 목적에서 가속화된 컴퓨팅으로의 전환을 겪을 것입니다. H100, Grace CPU, Grace Hopper Superchip, NVLink, Quantum 400 InfiniBand 및 BlueField-3 DPU와 같은 전체 데이터 센터 제품군이 현재 생산 중입니다. 우리는 수요 급증에 대응하기 위해 공급량을 크게 증가시키고 있습니다."

실적을 발표하는 보도 자료에서 엔비디아는 스스로를 다음과 같이 소개한다.

"1993년 설립 이래, 엔비디아(나스닥: NVDA)는 가속화된 컴퓨팅 분야의 선구자로 인정받고 있습니다. 회사가 1999년 GPU를 발명함으로써 PC 게임 시장의 성장을 촉발시키고 컴퓨터 그래픽을 재정의하면서 현대 AI 시대를 개척하였으며, 산업 메타버스의 창조를 촉진하고 있습니다. 엔비디아는 이제 산업을 혁신하는 데이터 센터 규모의 제품을 갖춘 풀스택 컴퓨팅 회사입니다."

다시 말해, 엔비디아는 더 이상 게임용 GPU를 발명한 회사가 아니라 데이터 센터 규모의 제품을 갖춘 풀 스택 컴퓨팅 회사로 스스로를 소개한다. 사실 엔비디아의 데이터 센터 실적이 게임 실적을 처음으로 추월한 것을 강조한 것은 2022년 5월 25일의 실적 발표에서였다.

마이크로소프트와 엔비디아의 실적 발표는 생성형 AI가 소프트웨어 분야와 하드웨어 분야에서 큰 관심을 받고 있으며, 대규모 투자가 진행되고 있음을 보여 준다. 구글과 메타도 이 흐름에 뛰어들었다. 게임 그래픽을 픽셀 단위로 계산하는 데 필요하였던 GPU는 이제 AI로 빅데이터를 분석하는 데 활용되고 있다. AI가 세상을 크게 변화시킬 것이다.

참고문헌

안상준·유원준(2022), 『딥 러닝을 이용한 자연어 처리 입문』(https://wikidocs.net/book/2155).

이상구·이재화·함윤미·박경은(2020), 『인공지능을 위한 기초 수학 입문』, 경문사.

Goodfellow, I. J., J. Pouget-Abadie, M. Mirza, B. Xu, D. Warde-Farley, S. Ozair, A. Courville, and Y. Bengio(2014), "Generative Adversarial Networks," in *Advances in Neural Information Processing Systems (NIPS)*, Vol. 27, 2672~2680.

Rosenblatt, F.(1958), "The perceptron: A probabilistic model for information storage and organization in the brain," *Psychological Review*, 65(6), 386~408.

Rumelhart, D. E., G. E. Hinton, and R. J. Williams(1986), "Learning representations by back-propagating errors," *Nature*, 323(6088), 533~536.

Turing, A. M.(1950), "Computing machinery and intelligence," *Mind*, 59(236), 433~460.

Vaswani, A., N. Shazeer, N. Parmar, J. Uszkoreit, L. Jones, A. N. Gomez, L. Kaiser, and I. Polosukhin(2017), "Attention is All You Need," in *Advances in Neural Information Processing Systems (NIPS)*," 6000~6010.

Zha, D., Z. P. Bhat, K.-H. Lai, F. Yang, Z. Jiang, S. Zhong, and X. Hu(2023), "Data-centric Artificial Intelligence: A Survey," arXiv preprint arXiv:2303.00028.

찾아보기